gli SPILLI fissano le idee

W0390669

Gli spilli fissano le idee. Con questo slogan Alpha Test mette a disposizione una collana di libri tascabili, utili per lo studio e il ripasso delle principali materie di studio della scuola superiore e dei primi anni di università. Con oltre 100 titoli pubblicati, la collana offre strumenti di preparazione sintetici dedicati sia alle discipline scientifiche (Matematica, Fisica, Biologia, Chimica, Geometria, Scienze della Terra ecc.) sia a quelle umanistiche (Filosofia, Francese, Inglese, Latino, Letteratura Italiana, Storia, Storia dell'Arte, Tedesco ecc). Accanto alle tradizionali **sintesi**, sono disponibili anche i **glossari** (Biologia, Chimica, Anatomia, Diritto, Economia e finanza ecc.), le **monografie** (Storia della civiltà romana, Storia della I guerra mondiale, Storia degli Stati Uniti d'America, I diritti umani, Alimentazione, Evoluzione ed evoluzionismo, Lo sviluppo sostenibile, ecc.) e una serie di **eserciziari** (Esercizi di chimica 1 e 2, Esercizi di Matematica 1, 2 e 3, ecc.).
Realizzata con la collaborazione di insegnanti e docenti universitari, la collana è frutto dell'esperienza più che decennale maturata nei settori dell'orientamento e della formazione da Alpha Test, da sempre attenta alle esigenze degli studenti e ai cambiamenti che interessano da vicino il mondo della scuola, dell'università e della formazione in genere.

GLI SPILLI

Oltre 100 volumi tascabili per il ripasso delle materie di studio delle scuole superiori e dei primi anni di università, adatti anche a soddisfare la curiosità del semplice appassionato.

SAPERNE DI Più

Dalla storia alle arti, dalle scienze all'attualità, dalla filosofia ai grandi nomi di tutti i tempi: saggi monografici per la lettura e l'approfondimento, dedicati a fatti, idee e personaggi, per conoscere e per capire.

ORIENTAMENTO

Guide aggiornate per la scelta degli studi post-diploma e per l'inserimento nel mondo del lavoro.

ORIENTAMENTO strumenti

Guide per l'aggiornamento e l'attività didattica di insegnanti, orientatori e psicologi sui temi dell'orientamento e dei test a risposta multipla come nuova metodologia di valutazione.

MATURITÀ

Volumi che raccolgono i temi d'esame della prova scritta dei licei scientifici, risolti e commentati

TESTUNIVERSITARI

Manuali ed eserciziari specifici per la preparazione ai test di ammissione di tutte le facoltà universitarie.

ESERCIZIARI PER L'UNIVERSITà

Volumi per prepararsi agli esami universitari di matematica, fisica, chimica e algebra lineare di tutte le facoltà scientifiche, dei Politecnici e degli altri corsi che prevedono esami di queste discipline.

DOPO LA LAUREA

Guide aggiornate con informazioni a tutto campo, utili per inserirsi con soddisfazione nel mondo del lavoro. Ogni volume è dedicato specificamente agli sbocchi occupazionali delle diverse aree di studio.

TESTMILITARI

Manuali ed eserciziari dedicati a chi deve sostenere prove selettive nell'ambito militare.

TESTPROFESSIONALI

Oltre 40 manuali ed eserciziari per prepararsi alle prove di selezione previste per l'accesso e l'abilitazione a specifiche professioni (promotore finanziario, notaio, infermiere, architetto, commercialista ecc.).

LAVORO E CARRIERE

Guide pratiche e informative di supporto allo svolgimento delle diverse professioni.

CONCORSI ED ESAMI

Volumi monodisciplinari con teoria ed esercizi per prepararsi alle prove scritte e orali dei concorsi pubblici e degli esami universitari.

PASSEPARTOUT

Volumi monodisciplinari utili per la preparazione ai test di concorsi pubblici, selezioni aziendali, concorsi dell'Unione Europea, concorsi militari, ammissione all'università e ai master.

METEO

Collana curata dal colonnello Mario Giuliacci realizzata in collaborazione con professionisti del settore e composta da volumi di meteorologia, che coniugano l'approccio divulgativo con il rigore scientifico.

LEGGI LEGGERE

Volumi specificamente destinati ad insegnare come tutelare i propri diritti di: consumatori, lavoratori e cittadini.

I NUOVI CODICI

Codici innovativi per il contenuto e per il formato. Rappresentano un utile strumento per i professionisti del diritto, studenti e candidati a concorsi pubblici. Sempre aggiornati, si caratterizzano anche per la raccolta di indirizzi internet relativi a leggi e sentenze presenti sul web.

FAMILY DOCTOR

Collana che informa in modo semplice e preciso tutti coloro che hanno interesse a comprendere meglio i problemi legati alla salute.

Psicologia

Edizioni
Alpha Test

Via Mercalli 14, 20122 Milano (Italy)
Tel. 02 5845 98 1 – fax 02 5845 9896
www.alphatest.it
servizi@alphatest.it

ISBN 13 cifre: 978-88-483-0261-6
ISBN 10 cifre: 88-483-0261-0

Prima edizione: maggio 2002
Ristampa:
9 8 7 6 2008 2009 2010 2011 2012

Progetto grafico, composizione e impaginazione: Alpha Test S.r.l., Milano
Copertina di Marina Ilacqua e Elisabetta Ronchi

Stampato da Arti Grafiche Franco Battaia S.r.l., Zibido San Giacomo (MI)
per conto di Alpha Test S.r.l.

INDICE

Parte quinta: PSICOLOGIA DELLA COMUNICAZIONE DI MASSA

Parte sesta: PSICOLOGIA CLINICA E DIFFERENZIALE

Parte settima: PSICOLOGIA DEI PROCESSI COGNITIVI

PSICOLOGIA

Il volume individua e approfondisce i settori della psicologia utili per la formazione di studenti delle scuole superiori. Sono presentati con ordine e chiarezza sia aree generali sia aree con carattere preminentemente applicativo.

Quindi, tra le aree generali vengono trattati i seguenti argomenti:

- Psicologia sociale;
- Psicologia evolutiva e del ciclo di vita;
- Psicologia dei processi cognitivi;

tra le aree con carattere preminentemente applicativo vengono trattati gli argomenti:

- Psicologia dell'educazione;
- Psicologia del lavoro;
- Psicologia clinica e differenziale;
- Psicologia della comunicazione di massa.

Per ogni singola area sono stati individuati i concetti più importanti e gli autori maggiormente rappresentativi, senza per questo rinunciare a una complessiva organicità del testo.

L'autore, **Fiorenzo Ranieri**, è laureato in Psicologia e specializzato in Psicologia Clinica. Ha pubblicato numerosi articoli e saggi su argomenti diversi della psicologia. Da molti anni si occupa di formazione. L'autore desidera ringraziare per la collaborazione la dott.ssa **Cristina Cerbini** e la dott.ssa **Chiara Greci**.

Per completare e approfondire la preparazione alla materia oggetto di questo libro, Alpha Test ha pubblicato nella sezione "scienze umane" della stessa collana, i volumi: *Psicoanalisi, dalle origini ai nostri giorni*; *Filosofia 1*; *Filosofia 2*; *Filosofia 3*; *Fichte, Schelling, Hegel*; *Parmenide, Platone, Aristotele;*, *Glossario di matematica, Statistica*; la serie degli eserciziari di matematica è completata dai volumi *Esercizi di Matematica 1* ed *Esercizi di Matematica 2*.

Saranno molto gradite e apprezzate le osservazioni dei lettori che possono essere inviate al seguente indirizzo:

Alpha Test S.r.l.
via Mercalli, 14 – 20122 Milano
tel. 025845981 – fax 0258459896
e-mail: servizi@alphatest.it

Allo stesso indirizzo si può richiedere gratuitamente il catalogo completo dei libri Alpha Test.

Le informazioni aggiornate sui libri editi da Alpha Test sono disponibili anche su Internet all'indirizzo **www.alphatest.it**.

Simboli utilizzati nel testo

Sintesi degli argomenti trattati nel capitolo

Parole chiave degli argomenti trattati nel capitolo

Argomenti e concetti di particolare importanza

Domande aperte

Test di verifica con soluzioni e commenti

Parte prima

PSICOLOGIA SOCIALE

1 IL RUOLO SOCIALE

IN SINTESI: IL RUOLO SOCIALE

Ogni organizzazione o gruppo sociale ha delle aspettative nei confronti dei propri membri che vi occupano una determinata posizione. L'insieme di queste aspettative forma il ruolo sociale di ognuno. In alcuni casi possono verificarsi conflitti legati al ruolo sociale non sempre facilmente risolvibili.

Gruppo: tre o più persone che hanno stabilito una relazione e interagiscono stabilmente tra di loro dando origine a specifici processi psico-sociali quali la dinamica di gruppo e l'assegnazione di ruoli.

Organizzazione: gruppo sociale caratterizzato da compiti e norme che regolano i rapporti tra i membri.

Conflitto di ruolo: conflitto legato al ruolo sociale, alla sua interpretazione, ai ruoli rivestiti dalla stessa persona in gruppi diversi.

Lo studio del **ruolo sociale** riveste da sempre una grande importanza in psicologia sociale. Alcune teorie (per esempio quella dell'orientamento interazionista simbolico) spiegano tutti i comportamenti sociali sulla base del ruolo che un individuo riveste all'interno di un gruppo.

Ma cosa è il ruolo sociale? Per molto tempo è stato definito come il comportamento che viene richiesto a chi occupa una determinata posizione. Oggi tuttavia si ha una visione più estesa di questo concetto. Il ruolo sociale non è solo l'insieme di norme, regole, doveri e diritti che sono posseduti dal membro di un gruppo. È anche la somma delle aspettative condivise dal gruppo circa il comportamento che il detentore di una certa posizione deve tenere. Ad esempio, in una scuola ci si aspetterà un certo comportamento dall'insegnante (che si presenti alle lezioni, che spieghi, interroghi, dia giudizi, che sia più o meno vicino ai propri allievi ecc.) e un altro comportamento da uno studente (che frequenti le lezioni, che occupi una certa posizione in classe, che studi o almeno ci provi ...).

1.1 I conflitti di ruolo

Il ruolo sociale non può dunque prescindere dall'organizzazione ovvero dal gruppo in cui l'individuo è inserito e ogni persona, di solito, è inserita in uno o più gruppi.

Uno studente, ad esempio, ha una famiglia, frequenta la sua scuola, incontra uno o più gruppi di amici, si può dedicare a un'attività che prevede l'incontro con altri; egli è quindi, contemporaneamente, figlio, allievo, compagno di classe, amico, membro di una squadra o di una associazione. Questa situazione può generare uno dei più frequenti **conflitti di ruolo**: le aspettative da parte di un gruppo sono diverse da quelle di un altro gruppo. Ad esempio, l'associazione sportiva chiederà allo studente due ore di allenamento quotidiano incompatibili con le ore di studio richieste dalla scuola. Il gruppo di coetanei chiederà la presenza dell'amico fino a una certa ora mentre i genitori indicheranno un orario diverso per il rientro a casa. Spesso è difficile conciliare tutto, ed è necessario darsi delle priorità. Un altro conflitto di ruolo si ha quando c'è **disaccordo su quali sono i comportamenti propri di un certo ruolo**. Gli studenti possono aspettarsi che l'insegnante sia comprensivo e disponibile, mentre la scuola può richiedere severità e capacità di selezionare gli allievi. Oppure due insegnanti possono intendere in modo molto diverso cosa vuol dire essere un professore. Inoltre può esserci un conflitto tra le richieste che si ricevono perché si ricopre un certo ruolo e quelle che sono le proprie aspettative personali e il concetto di sé. Una persona può considerarsi molto capace ma in difficoltà perché non valorizzata nel mondo del lavoro.

Cosa accade se le esigenze del proprio posto di lavoro sono in conflitto con le proprie opinioni o i propri ideali?

Esiste la possibilità che chi lavora in un determinato posto riceva delle richieste che sono in contrasto anche drammaticamente con ciò che egli ritiene giusto. Ad esempio, la legislazione italiana sull'aborto ha dovuto prevedere per i ginecologi del sistema sanitario nazionale la possibilità di rifiutarsi di eseguire l'intervento (obiezione di coscienza). Questo perché la pratica dell'aborto per alcuni medici è in totale opposizione con la propria fede e i principi morali. Se, invece, non vi è una possibilità di soluzione del conflitto, si genera nella persona una condizione di tensione che può, in casi estremi, spingere a una reale sofferenza psicologica (stress), a comportamenti di rifiuto o aggressivi, alla necessità di abbandonare il posto di lavoro.

1.2 La soluzione del conflitto

Ogni conflitto di ruolo indica la difficoltà a conformarsi al ruolo stesso. Esistono varie strategie per la risoluzione del conflitto. Semplicemente si può cedere alle richieste del più "forte" nell'organizzazione o nel gruppo. Si può in altri casi adeguarsi alle aspettative o richieste che si ritengono "legittime". In ultimo si può cercare con trucchi o stratagemmi di evitare il conflitto, ma questo non è sempre possibile. Occorre dire che, come la persona si adatta al ruolo, così il ruolo si adatta alla persona.

RUOLI FORMALI E INFORMALI

Oltre ai ruoli "formali" ci sono anche ruoli "informali", che possono favorire o sfavorire il membro di un gruppo. Ad esempio, nella scuola un ragazzo non è solo studente, ma anche un "secchione", un "amicone", uno "scansafatiche" ecc. Il ruolo informale può determinare molti comportamenti del gruppo nei confronti del singolo, solo parzialmente dettati da una percezione adeguatamente oggettiva della persona e della realtà.

2 DINAMICA DI GRUPPO E IDENTITÀ INDIVIDUALE

IN SINTESI: DINAMICA DI GRUPPO E IDENTITÀ INDIVIDUALE

Il gruppo è qualcosa di diverso dalla semplice somma dei singoli membri che lo compongono. Una persona all'interno di un gruppo sociale partecipa a modalità d interazione che solo in parte sono dovute alle proprie caratteristiche individuali.

I comportamenti in gruppo dipendono infatti dal tipo di relazione presente, dai ruoli dei membri, dalla comunicazione utilizzata nel gruppo, dal livello di influenza e conformità sociale che caratterizza il gruppo.

Gruppo: tre o più persone che hanno stabilito una relazione e interagiscono stabilmente tra di loro.

Influenza sociale: l'influenza che una persona, per vari possibili motivi, ha su un'altra persona. L'influenza sociale è un meccanismo fondamentale per comprendere la dinamica e la coesione di un gruppo.

Conformità sociale: il livello di adeguamento alle norme e ai comportamenti di un gruppo di cui si fa parte.

2.1 Il gruppo

I rapporti tra persone cambiano considerevolmente a seconda del contesto relazionale. I rapporti tra due persone (diade) sono diversi da quelli tra tre o più persone (gruppo). Questo è vero per tutti i tipi di diadi e di gruppi. Ad esempio, vi è una significativa differenza tra una coppia sposata senza figli e una coppia sposata con un figlio. Le differenze sono molto minori tra coppie con uno, due o tre figli.

Cos'è un gruppo? Un gruppo è costituito da tre o più persone che hanno delle relazioni e interagiscono stabilmente tra di loro. I gruppi sono classificabili sulla base di numerose caratteristiche, quali ad esempio, la grandezza, il tipo di comunicazione che i membri hanno stabilito all'interno di esso, il livello di formalizzazione e le regole sulle quali si basano ecc.

Rispetto alla dimensione una possibile classificazione è la seguente:

- **piccolo gruppo**, da tre a venticinque persone;
- **grande gruppo**, da venticinque persone a 60-80;
- **folla**, può raggiungere dimensioni veramente molto grandi, come nel caso di certi incontri sportivi o di alcuni raduni politici o religiosi.

Un'altra forma di **classificazione** è quella che suddivide i gruppi in **informali/formali**. Ogni gruppo ha alla base degli obiettivi condivisi che possono essere più o meno esplicitati. Ad esempio, un gruppo di ragazzi può incontrarsi quotidianamente in un punto qualunque (un muretto) con l'obiettivo mai esplicitato di stare insieme e farsi compagnia. Un altro gruppo, invece, può ritrovarsi tutti i giorni in un'aula con un obiettivo ben preciso e chiaro, la frequenza delle lezioni di un anno scolastico. Nei due casi descritti si parlerà, rispettivamente, di gruppi informali e gruppi formali.

I gruppi formali si caratterizzano oltre che per una maggiore definizione degli obiettivi condivisi, anche per l'esistenza di norme che regolano l'accesso al gruppo (ad esempio, per far parte del "gruppo classe" bisogna iscriversi, bisogna aver superato gli anni di studio precedenti ecc.), la definizione di ruoli per i membri del gruppo (gli studenti di una classe sono cosa diversa dai professori o dall'altro personale della scuola).

2.2 La comunicazione in gruppo

La comunicazione nel gruppo è diversa da quella tra due persone.[1] Nel gruppo si hanno varie modalità di comunicazione a seconda del tipo di gruppo e della sua dinamica. Di seguito sono riportate le principali modalità di comunicazione all'interno del gruppo.

Comunicazione Lineare

Nella comunicazione lineare (o a catena) il messaggio viene inviato attraverso relazioni diadiche che coinvolgono i membri del gruppo in sequenza. Ne sono un esempio i messaggi che si scambiano gli insegnanti al cambio dell'ora o la comunicazione a fine turno tra personale infermieristico e di altro tipo.

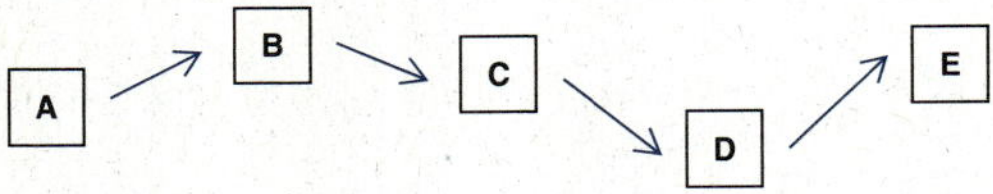

Comunicazione Circolare

Comunicazione circolare: la comunicazione lineare può essere effettuata anche in presenza di tutti i membri del gruppo, ma con relazioni comunque diadiche: questa è la forma di comunicazione detta comunicazione circolare. La comunicazione lineare e quella circolare sono le prime forme di comunicazione in gruppo.

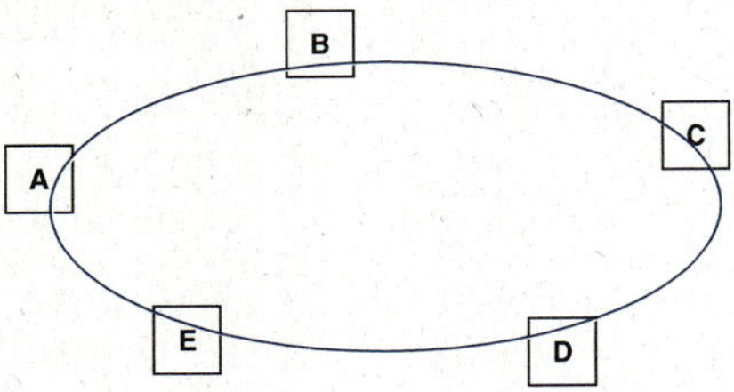

Comunicazione Stellare

La comunicazione stellare è quella che i membri di un gruppo indirizzano esclusivamente a una figura di riferimento. È il caso degli studenti di una classe che si rivolgono a un insegnante, ma non comunicano, in quel momento, tra di loro.

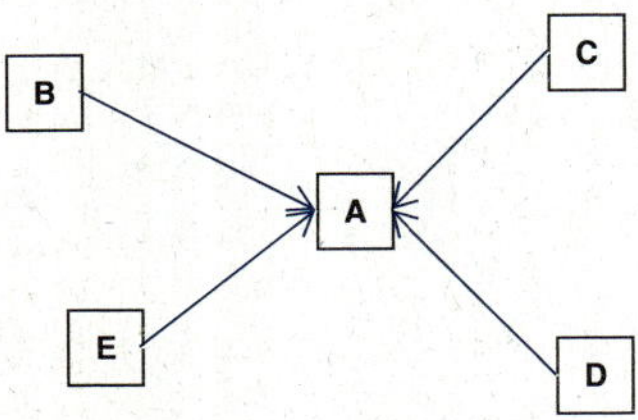

1 Per le caratteristiche della comunicazione diadica si veda il capitolo "Psicologia delle comunicazioni di massa".

Comunicazione a Rete

La comunicazione a rete riguarda tutti i membri del gruppo senza un punto centrale di riferimento. Ad esempio un gruppo di amici in cui tutti parlano e interagiscono liberamente.

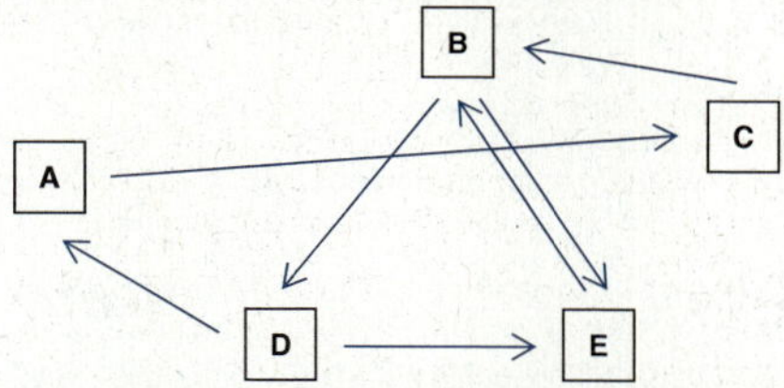

Non esiste un tipo di comunicazione "migliore". Tuttavia, a seconda della situazione in cui si trova il gruppo e del compito che deve affrontare, è più opportuno un certo tipo di comunicazione rispetto a un altro. Ad esempio, in situazioni di emergenza o in situazioni in cui la comunicazione deve essere molto chiara, il modello a stella risulta particolarmente efficace. Viceversa, quando il gruppo ha la possibilità di confronti liberi e spazi di discussione, il modello a rete risulta preferibile.

2.3 Dinamica di gruppo: la sociometria

Ogni gruppo ha una propria vita e una propria modalità di funzionamento che è diversa dalla somma delle caratteristiche psicologiche dei singoli membri che lo compongono. Ogni gruppo è costituito dai ruoli dei membri, da relazioni di vicinanza-lontananza, da raggruppamenti e divisioni interne.

La **sociometria**, nella storia della psicologia, ha rappresentato uno dei primi tentativi di "fotografare" i processi dinamici all'interno del gruppo. Lo psicologo **Moreno** ha ipotizzato che ogni gruppo ha una struttura sociometrica, data dalla modalità di associazione tra i membri del gruppo. Per studiare queste modalità Moreno ideò il **test sociometrico**.

Questo test consiste nel chiedere a tutti i membri di un gruppo, sulla base di un criterio dato, di scegliere uno o più membri del gruppo stesso. Ad esempio, in un gruppo di studenti si potrebbe chiedere "Tra i tuoi compagni di classe, chi sceglieresti per lavorare con te a una attività di ricerca? Chi, invece, non sceglieresti?".

Sulla base del criterio e delle risposte viene costruito poi il **sociogramma** che ci rivelerà alcuni aspetti della vita del gruppo, ad esempio la struttura affettiva (chi ti è più simpatico/antipatico; con chi usciresti/non usciresti ecc.) e cognitiva (con chi vorresti/non vorresti studiare, a chi chiederesti/non chiederesti consiglio ecc.), e i ruoli che singoli membri rivestono in quel gruppo sulla base di quel criterio.

Tradizionalmente, i ruoli all'interno dei gruppi sono i seguenti:

leader (affettivo o cognitivo)	membro che raccoglie il maggior numero di consensi per il criterio dato
gregario	membro mediamente popolare nel gruppo
rifiutato	membro che raccoglie il numero più elevato di rifiuti nel gruppo per il criterio dato
escluso o ignorato	membro che non riceve né preferenze, né rifiuti dal gruppo

Lo stesso soggetto può rivestire, a seconda del criterio dato, ruoli diversi. Uno studente molto bravo può, ad esempio, essere il leader cognitivo, quello a cui tutti si rivolgono per essere aiutati nel lavoro scolastico, ma può essere ignorato quando il gruppo organizza momenti di vita sociale o lontani dall'attività scolastica.

2.4 L'influenza sociale

L'interazione sociale implica l'influenza sociale. In tutti i gruppi, grandi o piccoli, ci sono forme di influenza sociale, che spiegano certi comportamenti o il ruolo di funzionamento del gruppo. Di solito si ritiene che la capacità di influenzare gli altri dipenda dalle caratteristiche personali. In realtà tale capacità dipende anche dal rapporto tra individui e gruppi, e da come il gruppo è strutturato. Si consideri infatti l'influenza in una relazione diadica:

A influenza B. Ciò significa che B dipende in qualche modo da A. A può influenzare B perché possiede delle **risorse**, ma il rapporto di dipendenza è dovuto anche alle alternative che B possiede. Minori sono le alternative, maggiore sarà l'influenza esercitata da A su B. Esistono diversi tipi di risorse, di seguito elencati:

- la **capacità di gratificazione** (A ha il potere di premiare B, o per lo meno viene percepito così, e questo lo rende influente);
- la **capacità coercitiva** (A viene percepito in grado di punire B e viene temuto);
- l'influenza basata sull'essere un **punto di riferimento** (B vorrebbe essere come A, che costituisce un suo modello ideale);
- l'influenza dell'**esperto** (l'influenza di A è basata sulle sue conoscenze e la capacità di dare indicazioni a B);
- l'influenza **legittima** (B riconosce sulla base dei propri valori e delle proprie norme interne il ruolo di A e il dovere di sottoporsi alla sua influenza).

L'influenza tra i due membri di una coppia non deve essere necessariamente a senso unico, anzi, i rapporti di coppia (diadici) equilibrati sono quelli in cui i due membri si influenzano reciprocamente. In tal caso ci sarà anche una reciproca dipendenza. Viceversa, quando la relazione è squilibrata in un'unica direzione, questo rende la relazione instabile e può determinare la crisi del rapporto con diverse conseguenze (la sua conclusione, la formazione di rapporti alternativi ecc).

Anche nei gruppi, come si è detto, esistono **strutture di influenza**. Anzi, il grado di influenza del gruppo spiega il livello di conformità dei membri del gruppo. Ad esempio, se in un gruppo di ragazzi alcuni di essi esercitano una forte influenza su tutti, probabilmente tutti i membri del gruppo finiranno per comportarsi secondo le modalità che questi "leader" propongono. Questo spiega perché un gruppo adolescenziale (ma non solo) sceglie di vestire in un modo simile o avere gli stessi comportamenti. Viceversa, quando c'è poca influenza nel gruppo, si hanno comportamenti che tendono a essere individualistici. Anche le accettazioni delle norme del gruppo dipendono dalla capacità di influenza del gruppo.

Le forme d'influenza sono quelle descritte per la relazione diadica. Ad esempio, un insegnante può avere un ampio seguito nella sua classe perché è capace di valorizzare i risultati dei suoi studenti oppure perché rappresenta un modello con il quale identificarsi, o anche perché sa molte cose e rappresenta l'esperto a cui fare riferimento. Ma l'insegnante può anche avere influenza, e gli studenti seguono le sue indicazioni, semplicemente perché è in grado di punire (con una critica, con un brutto voto) oppure perché è "il professore", e gli viene quindi riconosciuto un potere per il ruolo che ha.

Non tutti i membri di un gruppo si adeguano o si comportano in modo conforme alle norme o al *modus vivendi* del gruppo. Diverse ricerche in psicologia sociale hanno dimostrato che i membri del gruppo che hanno un ruolo intermedio sono più facilmente portati a conformarsi. Viceversa, coloro che hanno un ruolo molto elevato o molto basso nel gruppo, con strategie diverse, tendono a non accettare le spinte al conformismo.

3 LA FORMAZIONE DI STEREOTIPI

IN SINTESI: LA FORMAZIONE DI STEREOTIPI

Gli stereotipi sono una modalità di classificazione della realtà utilizzata da grandi gruppi nei confronti di altri gruppi. Connotati da aspetti emotivi, essi non sono molto precisi. È utile, per comprenderne il funzionamento, capire cosa si intende con atteggiamenti.

Atteggiamento: modo in cui una persona si pone nei confronti di persone, gruppi, oggetti, eventi.

Comportamento: l'insieme di azioni e reazioni di un organismo alle stimolazioni provenienti dall'ambiente esterno (stimolo) o dall'interno dell'organismo stesso (motivazione).

Stereotipo: modalità con cui un gruppo definisce o etichetta, sulla base di scarse conoscenze e di variabili di tipo emotivo, un altro gruppo e i suoi membri.

Scala Likert: questionario per la misura degli atteggiamenti basato su risposte relative a determinate affermazioni e costituito da una scala che passa dal valore "totalmente in accordo" (=1) al valore "totalmente in disaccordo" (=7).

3.1 Gli atteggiamenti

Per comprendere cosa è uno stereotipo bisogna avere presente cosa è un atteggiamento. Da sempre gli atteggiamenti sono uno dei principali oggetti di indagine della psicologia sociale. Nel corso del tempo sono state date diverse definizioni, anche molto differenti tra loro. Per alcuni psicologi, l'atteggiamento è l'insieme di affinità e avversioni che ogni soggetto riconosce in se stesso. In tal senso il rapporto tra atteggiamento e comportamento sarebbe piuttosto vago. Altri psicologi invece considerano l'atteggiamento come il fattore psicologico che rende possibile il ripetersi di un certo comportamento in una certa situazione. Questa definizione è vicina a quella di chi considera l'atteggiamento come una variabile nascosta che guida il comportamento.

In sintesi, si può concludere che un atteggiamento è il **residuo di una esperienza passata che l'individuo trattiene dentro di sé**. Tale traccia predispone il soggetto a comportarsi in un certo modo di fronte a esperienze future. Ad esempio, dopo aver mangiato a un ristorante cinese, se una persona avrà gradito le pietanze, tratterrà una traccia che lo predisporrà in futuro a tornare in ristoranti dello stesso genere (atteggiamento positivo).

Ogni atteggiamento è costituito da tre componenti:

- **componente cognitiva** (percezione o rappresentazione cognitiva dell'oggetto a cui è rivolto l'atteggiamento);
- **componente affettiva** o **emotiva** (sentimenti di piacere/dispiacere nei confronti dell'oggetto a cui è rivolto l'atteggiamento);
- **componente volitiva** (collegamento tra atteggiamento e comportamento, azione verso l'oggetto).

È bene sottolineare che gli atteggiamenti non implicano necessariamente dei comportamenti, o meglio, un comportamento è determinato da altri fattori oltre che dall'atteggiamento e può essere frutto di atteggiamenti discordanti.

Nell'esempio sopra citato del ristorante cinese, il soggetto ben predisposto può rinunciare a tornare nel ristorante se si trova in compagnia di persone che non amano la cucina cinese. Un atteggiamento positivo si può anche scontrare con atteggiamenti negativi (ad esempio, nel quartiere X tutti i ristoranti sono cattivi, allora non vado nel ristorante cinese che si trova in quel quartiere).

LA MISURA DEGLI ATTEGGIAMENTI

La misura degli atteggiamenti non è mai stata una procedura semplice. A monte esistono alcune questioni teoriche, la principale delle quali è la mancanza di una definizione universalmente accettata di atteggiamento. Tuttavia, nella storia della psicologia sociale, sono stati definiti fondamentalmente 3 metodi per la misura degli atteggiamenti:

- approccio centrato sul **soggetto**;
- approccio centrato sullo **stimolo**;
- approccio centrato sulla **risposta**.

La scala di atteggiamenti costruita da **Likert** rappresenta un esempio di **approccio centrato sul soggetto**. Si tratta di una scala che contiene diverse affermazioni (di solito da 10 a 30) relative a un certo argomento. Il soggetto risponde a ogni affermazione indicando se è d'accordo e in che misura (punteggio da 1 a 7, 1=massimo accordo, 7=massimo disaccordo, punteggi da 2 a 6=valori intermedi). Una scala tipo Likert è di facile somministrazione, ma è molto complessa nella costruzione.

I questionari tipo **Thurstone** sono un esempio di **approccio centrato sullo stimolo**. Con un lavoro molto accurato, utilizzando dei "giudici" si cerca di individuare delle affermazioni che rappresentano in modo oggettivo un atteggiamento. Viene così costruita una scala da somministrare. Il soggetto sceglie tre o quattro item (affermazioni) che rappresentano il suo punto di vista e sulla base della scelta si dà un punteggio.

Un **approccio centrato sulla risposta** è rappresentato dalle misurazioni tipo **Guttman**. In questo caso si ordinano le affermazioni in termini di posizione favorevole o sfavorevole a un certo atteggiamento. Ne risulta uno "scalogramma" per cui una risposta positiva o negativa a un certo livello delle scale implica atteggiamenti positivi o negativi ai livelli inferiori o superiori.

Occorre infine ricordare che un atteggiamento non implica necessariamente un comportamento. Ad esempio, se un giovane afferma che ritiene la scuola un'istituzione molto utile, questo non vorrà dire che poi sicuramente la frequenterà con profitto o avrà sentimenti di stima per essa. Questo riduce la possibilità di convalidare a posteriori gli strumenti di misura utilizzati.

La psicologia sociale si è chiesta se gli atteggiamenti di una persona possano cambiare e come. Gli psicologi ritengono gli atteggiamenti il frutto di esperienze passate e dunque l'ambiente sociale in cui si vive risulta uno dei fattori determinanti per la loro costituzione. Partendo da tale presupposto, la psicologia sociale ha dedotto che l'ambiente sociale possa determinare anche la modifica di un atteggiamento. Ciò dipende dal tipo di messaggi che il soggetto riceve dall'ambiente sociale.

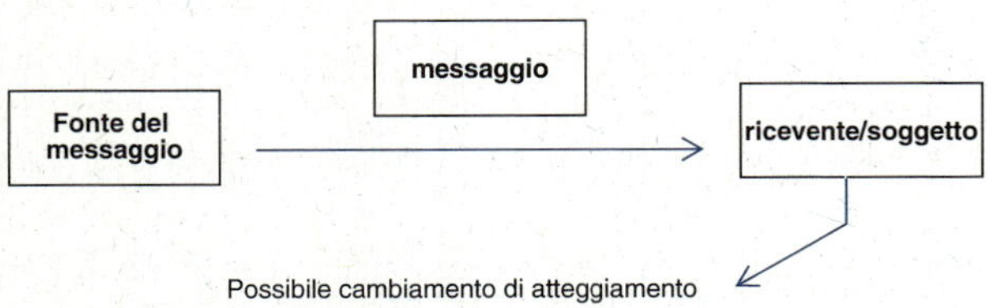

Naturalmente non tutti i messaggi che si ricevono dall'ambiente sono tali da modificare gli atteggiamenti. Innanzitutto è fondamentale la **fonte del messaggio** e il peso che il soggetto attribuisce a tale fonte. Se, ad esempio, uno studente ritiene che il ripasso della lezione sia un lavoro inutile, può cambiare atteggiamento qualora riceva un'informazione diversa da una fonte per lui autorevole. La fonte deve essere autorevole per il soggetto, non per l'ambiente sociale: probabilmente lo studente sarà più influenzato dal punto di vista di un amico che dall'opinione dei propri insegnanti.

Un altro fattore che influenza il cambiamento di atteggiamento è la distanza o discrepanza esistente tra la fonte del messaggio e il ricevente. Se i due punti di vista (fonte/ricevente) sono vicini, aumentando l'intensità del messaggio la fonte otterrà probabilmente il cambiamento dell'atteggiamento. Viceversa, se i due punti di vista sono lontani, rafforzando il messaggio si otterrà l'effetto opposto: il ricevente rafforzerà un atteggiamento contrario a quello della fonte.

Nell'esempio dello studente, se l'amico gli proporrà di studiare un'ora al giorno invece che nulla, probabilmente sarà ascoltato; se, invece, proporrà cinque ore di studio al giorno, l'effetto potrà essere quello che l'amico si convincerà sempre di più che lo studio pomeridiano non serve a nulla.

3.2 Gli stereotipi: cosa sono e come si formano

Se parlando di atteggiamenti ci si riferisce a caratteristiche psicologiche individuali, con il concetto degli **stereotipi** si prende in considerazione una modalità di funzionamento dei gruppi sociali. Come l'atteggiamento è una sorta di categorizzazione del mondo da parte del singolo, così gli stereotipi rappresentano forme particolari di categorizzazione sociale che i gruppi si danno a vicenda.[1]

Lo stereotipo è un insieme di idee e credenze fisse che i membri di uno o più gruppi hanno rispetto ai membri di un altro gruppo. Uno stereotipo si basa su alcuni tratti caratteristici del gruppo preso in considerazione, di solito abbastanza sommari e poco definiti (ad esempio gli studenti del liceo classico vengono da famiglie di ceto sociale elevato), tendono a perdurare nel tempo e mutano molto lentamente. Gli stereotipi si rafforzano quando tra i gruppi aumenta la tensione sociale, mentre non rappresentano un grosso problema quando l'ostilità è scarsa. In ultimo, i bambini fanno propri rapidamente gli stereotipi, prima ancora di aver chiare le caratteristiche del gruppo al quale si riferiscono.

In sintesi, gli stereotipi sono una forma di categorizzazione, ma con caratteristiche specifiche:

- non sono neutrali, ma connotati da aspetti emotivi;
- sono molto resistenti, a differenza di altre forme di categorizzazione;
- sono più difficili da modificare rispetto ad altre forme di categorizzazione.

Lo stereotipo come processo centrale è vicino al pregiudizio (si veda il capitolo 4), ma, rispetto al pregiudizio, non è parzialmente o totalmente falso.

In mancanza di altre informazioni, lo stereotipo può essere moderatamente utile per "leggere" la realtà e adattarsi a essa. I rischi di errore sono però piuttosto elevati.

Gli psicologi sociali, consapevoli comunque delle problematiche relazionali determinate da stereotipi fuorvianti, hanno dedicato parecchi studi per esplorare la possibilità e il modo per modificarli. I principi da tener presente sono simili a quelli descritti per la modifica degli atteggiamenti. È molto importante ricevere messaggi da fonti riconosciute come valide e degne di fede, che non propongano richieste di modifica troppo radicali.

---

1 In sé la categorizzazione, ovvero la definizione di raggruppamenti o classi in cui inserire il singolo evento, o persona o oggetto, non è un processo negativo, perché facilita la percezione e l'adattamento all'ambiente. Ogni categorizzazione ha il proprio limite nella possibilità di errore insita nella generalizzazione. Questo errore è tanto più grave se riguarda un grande gruppo (ad esempio un gruppo nazionale, razziale, religioso ecc).

4 LA DINAMICA DEL PREGIUDIZIO

IN SINTESI: LA DINAMICA DEL PREGIUDIZIO

Un gruppo può sviluppare pregiudizi verso un altro gruppo. Dal pregiudizio può nascere la discriminazione. I pregiudizi possono essere cambiati e superati.

Pregiudizio: insieme di credenze, punti di vista, opinioni condivise da un gruppo nei confronti di un altro gruppo sociale e dei suoi membri, parzialmente o totalmente false, in grado di condizionare il modo di percepire l'altro gruppo e il modo di agire verso di esso.

Discriminazione: trattamento differente riservato a persone o gruppi sociali diversi dal proprio.

Capro espiatorio: persona, gruppo o oggetto ritenuti ingiustamente causa di una condizione di disagio e per questo colpiti dall'aggressività di un gruppo sociale.

4.1 Il pregiudizio

L'ambiente che ci circonda invia molte informazioni che ciascuno tende a organizzare secondo personali modelli percettivi. Questo processo di categorizzazione del mondo offre molti vantaggi, consentendo un migliore e più veloce adattamento all'ambiente fisico e umano. Ogni volta che si incontra una persona si tende a inserire le informazioni ricavate (ad esempio: aspetto fisico, modo di porsi e comunicare, gesti, comportamenti) in categorie preesistenti (si veda il capitolo 3).

Quando un gruppo sociale tende a percepire un altro gruppo secondo uno stereotipo condiviso si parla di **pregiudizio**.

Le caratteristiche principali dei pregiudizi sono:

- essere una forma di classificazione condivisa dal gruppo sociale;
- possedere componenti percettive, cognitive e affettive;
- essere in contrasto rispetto alle caratteristiche reali dell'oggetto del pregiudizio.

UNA RICERCA

Alla fine degli anni Cinquanta fu chiesto a un gruppo di studenti indiani di elencare una serie di aggettivi per descrivere gli abitanti della Cina. Tempo dopo scoppiò un conflitto tra India e Cina. La ricerca fu ripetuta e ne risultò uno stereotipo del cinese nettamente differente. Mentre in precedenza i cinesi erano descritti come "amici, progressisti, onesti, nazionalisti, coraggiosi, colti" dopo, con la guerra, venivano giudicati "aggressivi, imbroglioni, egoisti, guerrafondai, crudeli, astuti, stupidi". L'evento bellico aveva generato, tra le altre cose, nuovi pregiudizi.

Ogni individuo fa parte di diversi gruppi, e non sempre presenta pregiudizi tipici di quel gruppo, o pregiudizi della stessa intensità. Ad esempio, in una ricerca tra minatori americani bianchi si ebbe il seguente risultato: i minatori accettavano compagni di lavoro neri; tuttavia non volevano le stesse persone come vicini di casa.

4.2 La discriminazione

Al pregiudizio è spesso collegata la discriminazione. Con questo termine si intende un **trattamento** diverso riservato a un particolare gruppo sociale da parte di un altro gruppo sociale. Lo scopo della discriminazione è stabilire una differenza tra i due (o più) gruppi a favore del proprio. Gli esempi di discriminazione nella storia sono pressoché infiniti. In Sud-Africa, fino a quando è sopravvissuto il regime di Apartheid, i neri non potevano accedere a determinati quartieri o utilizzare alcuni mezzi pubblici. In Italia, come in molti altri Stati, le donne sono state discriminate dagli uomini con la negazione dei diritti politici e civili. Solo dopo la seconda guerra mondiale tutte le donne hanno potuto votare (Referendum Monarchia-Repubblica, 2 giugno 1646).

Come si formano pregiudizi e discriminazioni?

È importante dire subito che i pregiudizi e le discriminazioni di un gruppo verso un altro dipendono dai rapporti esistenti tra i due gruppi.

La competizione (per i più svariati motivi) tra gruppi diversi genera un conflitto a cui segue spesso la discriminazione. Questo accade soprattutto quando i due gruppi fanno riferimento alle stesse scale di valori.

Molti esperimenti di psicologia sociale hanno mostrato come un gruppo volutamente tenuto in una condizione di inferiorità rispetto a un altro gruppo, prova forti sentimenti di ostilità, che portano al conflitto e alla nascita di forme di pregiudizio e discriminazione.

I pregiudizi e le discriminazioni che si protraggono nel tempo, tendono a stabilizzarsi e a diventare norme di comportamento nel gruppo. In altre parole, se un gruppo perpetua un pregiudizio verso un altro gruppo e agisce sulla base di questo mettendo in atto delle forme di discriminazione, verrà considerato normale all'interno del gruppo il comportamento discriminatorio. Un esempio in tal senso viene dalle ricerche condotte negli anni dell'Apartheid in Sud-Africa e negli Stati-Uniti. La discriminazione razziale contro i neri risultava più forte nelle persone ligie alle regole sociali, mentre chi, tra i bianchi, cercava di superare la separazione razziale, poteva essere considerato un deviante.

I pregiudizi e le discriminazioni sono rafforzate da:

- condivisione diffusa e consolidata che trasforma il pregiudizio in una **norma** per un gruppo;
- necessità di coesione per il gruppo (il pregiudizio verso un altro gruppo rafforza i rapporti all'interno del proprio gruppo);
- posizione tenuta dai leader del gruppo;
- fattori oggettivi che propongono differenze tra i gruppi (per esempio, differenze di colore della pelle, lingua o dialetto diversi, classe sociale di appartenenza differente ecc.).

IL CAPRO ESPIATORIO

Il capro espiatorio è una persona, un gruppo o anche un oggetto su cui, attraverso un meccanismo di proiezione, vengono scaricate colpe più realisticamente da attribuire a sé o ad altri. Sul capro espiatorio trova sfogo così l'aggressività generata da una condizione di frustrazione. Anche nel linguaggio comune si parla di capro espiatorio quando vengono attribuite a un innocente colpe non sue per esprimere la rabbia e ritrovare una qualche forma di equilibrio emotivo (si veda la sintesi della figura successiva).

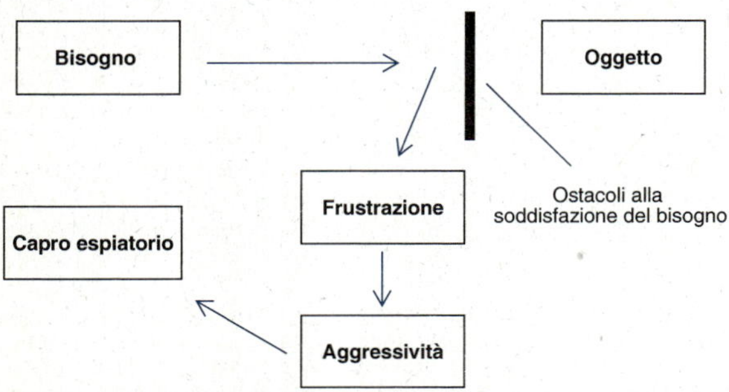

Secondo alcuni autori, il capro espiatorio ha avuto nella storia dell'umanità anche un ruolo positivo: nelle società primitive, infatti, l'aggressività scatenata da condizioni ambientali frustranti veniva spesso incanalata in precise forme rituali che ne consentivano uno sfogo non pericoloso per altri gruppi o esseri umani.

4.3 I pregiudizi possono cambiare?

Esistono vari fattori che possono contribuire alla modifica dei pregiudizi. Un ruolo importante viene svolto dalla **pressione informativa**, ovvero dalla divulgazione di un gran numero di informazioni nuove sul gruppo oggetto di pregiudizio da parte, ad esempio, delle autorità, con campagne pubblicitarie rivolte alla popolazione generale (in Italia questa azione viene svolta dalle campagne della Pubblicità Progresso). Anche la **pressione sociale** e le autorità pubbliche possono essere un fattore di cambiamento, criticando o sanzionando processi discriminatori (ad esempio, alla discriminazione verso i portatori di handicap le istituzioni hanno contrapposto alcune leggi per garantirne l'insegnamento nelle scuole in classi "normali" e per tutelarne l'inserimento professionale – viatico verso una vita sociale degna di essere vissuta – prevedendo una quota riservata ai portatori di handicap nelle assunzioni).

La **riduzione delle tensioni sociali** può contribuire ad annullare il meccanismo che genera il pregiudizio.

In ultimo è molto importante il fenomeno della **dissonanza**, ovvero il contrasto tra quello che si crede e l'esperienza diretta dovuta al contatto con i membri oggetto del pregiudizio.

Gli incontri tra studenti di diversa nazionalità avvicinano i popoli?

Esistono molti programmi e finanziamenti che promuovono vacanze di studio all'estero. Tali iniziative possono certamente favorire il superamento dei luoghi comuni e dei pregiudizi e risultano particolarmente utili a tal fine perché generalmente si compiono durante l'adolescenza o la prima giovinezza, cioè quando i pregiudizi sono emotivamente molto forti ma certamente anche più "scalfibili" perché non ancora "sedimentati".

Vi è però da notare che, talvolta, chi torna da una vacanza-studio all'estero, riporta anche sentimenti non completamente positivi verso chi lo ha ospitato per le difficoltà che la vacanza stessa comporta, quali per esempio lo stress per il periodo vissuto fuori dall'ambiente abituale, o per le difficoltà di comunicazione, per lo sforzo di adattamento ecc.

5 LE SCUOLE E GLI AUTORI

IN SINTESI: SCUOLE E AUTORI
Si riportano le principali informazioni relative all'interazionismo simbolico di G. H. Mead, alla teoria del campo di K. Lewin, agli studi degli psicologi americani G. W. Allport e E. E. Asch, ed europei M. Tajfel e S. Moscoviti.

5.1 George Herbert Mead e l'interazione simbolica

Per interazione si intende comunemente l'azione o l'influenza reciproca tra due variabili, nel corso della quale ciascuna viene modificata per effetto dell'altra. Mead parla di **interazione simbolica** riferendosi a uno specifico aspetto del comportamento umano.

Secondo l'autore l'uomo si differenzia dagli animali per la sua capacità di apprendere e immagazzinare un gran numero di significati simbolici (rappresentazioni mentali) di tipo sociale. Questo è reso possibile dal fatto che ogni individuo si confronta costantemente con l'immagine che crea negli altri e costruisce la conoscenza di se stesso basandosi su come viene percepito dagli altri. Interagire con gli altri (l'Altro Generalizzato) consente di assumere i vari ruoli sociali che poi, sommandosi, costituiscono il Sé.

Un merito delle teorie interazioniste è quello di aver sottolineato come nella realtà sociale si è contemporaneamente spettatori e attori sociali, si agisce mentre si conosce. La conoscenza è, dunque, un processo interattivo. La teoria simbolico-interazionista di Mead è quindi stata utilizzata dalla psichiatria sociale per attribuire a **fattori sociali la principale causa della malattia mentale**. L'intervento terapeutico dovrebbe modificare una scorretta interazione simbolica responsabile del disegno psicologico.

Mead non ha lasciato molti saggi, la sua attività principale riguardava l'insegnamento (Università di Chicago). Tra le opere più importanti di Mead si ricorda *Mente, sé e società* (1934).

5.2 Kurt Lewin e la teoria del campo

Lewin è uno degli autori più famosi in psicologia sociale. Di formazione psicoanalitica, si trasferisce negli Stati Uniti nel 1933, con l'avvento in Germania del nazismo. I suoi contributi, di tipo sia teorico sia sperimentale, si basano sull'utilizzo in settori nuovi, quali appunto la psicologia sociale, della teoria della *Gestalt*, nata principalmente per lo studio della percezione. K. Lewin ha formulato la **Teoria del Campo.** Tutti i fattori psicologici che influenzano il comportamento in un individuo in un dato tempo sono raccolti in uno spazio vitale. Esso è quindi composto dalla persona e dall'ambiente psicologico.

Campo sociale

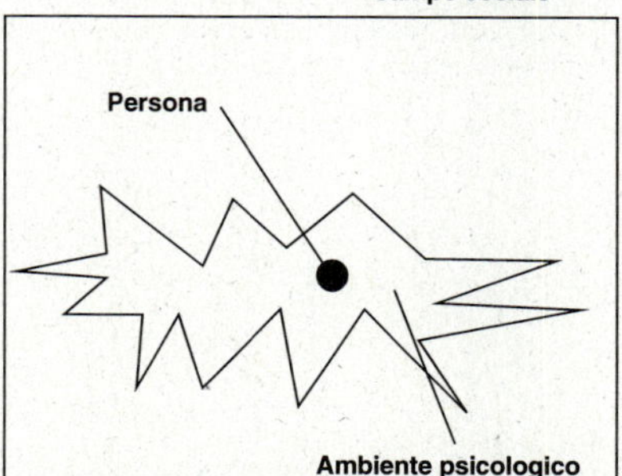

All'interno del campo, l'attività si svolge in termini di energia psichica. L'obiettivo della psicologia sociale è quello di dare al sistema un equilibrio, per cui, ogni volta che sorge una tensione, che determina un bisogno, automaticamente si attiva un processo che, date le caratteristiche del campo, cerca di riportare l'equilibrio attraverso la via più breve possibile. All'interno del campo, l'attività si svolge in termini di energia psichica, di spinte verso un oggetto buono, di fuga da un oggetto cattivo (Lewin chiama **valenze** il valore attribuito da un individuo all'oggetto; ogni oggetto ha valenza positiva o valenza negativa). L'obiettivo della psicologia sociale è quello di dare al sistema un equilibrio, per cui, ogni volta che sorge una tensione, che determina un bisogno, automaticamente si attiva un processo che, date le caratteristiche del campo, cerca di riportare l'equilibrio attraverso la via più breve possibile, raggiungendo un oggetto con valenza positiva o allontanandosi da un oggetto con valenza negativa. Naturalmente il gioco della valenza (spinta di avvicinamento o allontanamento da un oggetto) può comportare situazioni di conflitto psicologico. Le opere principali di Lewin sono: *Teoria dinamica della personalità* (1935), *Principi di psicologia topologica* (1936), *I conflitti sociali* (1948), *Field theory in social science* (1951).

5.3 Gordon William Allport e la funzione adattiva dell'atteggiamento

Allport ha approfondito molti temi: in campo psicologico sociale ha approfondito lo studio del pregiudizio.

Per quanto riguarda il pregiudizio, Allport lo interpreta come una forma di semplificazione cognitiva adottata a livello sociale per orientarsi più facilmente nell'ambiente e non dover mettere in discussione il proprio sistema di valori.

Ciò è possibile con la selezione delle informazioni che ci arrivano dagli altri sulla base del proprio modello di categorizzazione (il **pregiudizio** è una forma di **categorizzazione sociale**). L'uso del pregiudizio è accentuato dalla presenza di coinvolgimento emotivo e di condizioni di conflitto, e determina frequentemente meccanismi di discriminazione. Tra le opere più importanti di Allport si ricordano: *La natura del pregiudizio* (1954), *A study of values* (1960, con Vernon e Lindzey).

5.4 Solomon Asch e l'influenza sociale

Asch, americano, appartiene al gruppo di psicologi sociali che nel secondo dopoguerra basarono i loro studi sulla teoria della *Gestalt* e sul ruolo della percezione come premessa per comprendere il comportamento sociale. Asch è famoso per una sua ricerca sull'influenza sociale in cui dimostra quanto il modo di percepire degli altri influenza il proprio modo di vedere le cose. Nell'esperimento di Asch partecipavano 7 persone: uno solo era il soggetto sperimentale, gli altri sei erano complici dello psicologo, opportunamente addestrati. Veniva chiesto a tutti i soggetti di dare delle risposte di discriminazione percettiva. Ad esempio, nella figura successiva veniva chiesto di indicare quale era la linea più lunga.

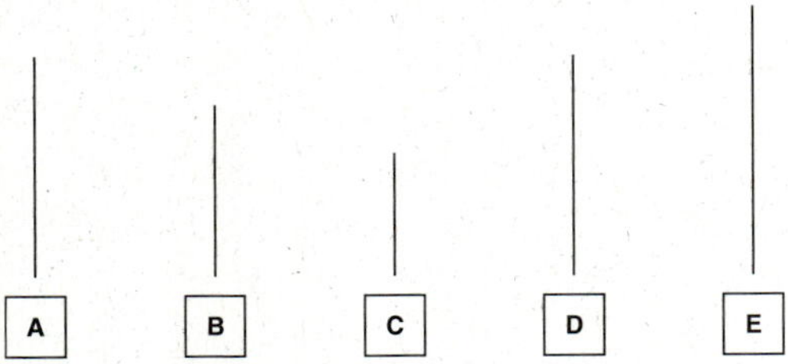

Nella prima prova tutti rispondevano correttamente, ma a partire dalla terza prova i soggetti d'accordo con lo psicologo davano delle risposte palesemente errate (ad esempio che la linea D era la più lunga). Il soggetto, ignaro, subiva l'influenza di un gruppo che, compatto, dava una risposta sbagliata. Spesso, pur sapendo che non era corretto, finiva per dare anch'egli la stessa risposta del gruppo adeguandosi agli altri. L'opera principale di Asch è *Psicologia sociale* (1952).

5.5 La scuola europea

La psicologia sociale si è sviluppata soprattutto negli Stati Uniti. Ma anche in Europa vi sono state diverse scuole: quella parigina di Serge Moscovici, quella inglese di Henri Tajfel. L'approccio europeo ha sottolineato come la conoscenza della realtà sociale sia influenzata dall'ambiente storico e culturale, dalle idee circolanti in quel dato momento, e dai rapporti tra gruppi e classi sociali. Moscovici si è occupato in particolare delle rappresentazioni sociali, Tajfel della differenziazione tra i gruppi sociali e dell'identità sociale in rapporto all'interazione di gruppo.

L'opera principale di Moscovici è *Psicologia sociale* (1971); H. Tajfel scrisse invece *Introduzione alla psicologia sociale* (1978).

6 TEMI DI APPROFONDIMENTO

6.1 Il Conformismo

Il conformismo è la tendenza a una visione acritica di idee, valori, atteggiamenti, bisogni e aspirazioni dominanti del gruppo sociale a cui si appartiene. Esistono diverse forme di conformismo:

- **compiacenza**;
- **condiscendenza**;
- **acquiescenza**.

Vi sono persone che, per timore di non essere stimate o accettate, si comportano in modo compiacente (compiacenza).

Altre persone, quando ricevono indicazioni o ordini, si astengono dal giudicare e si limitano a eseguire quanto viene deciso da altri. Questo atteggiamento condiscendente può associarsi a vari sentimenti (ad esempio all'aggressività o alla falsa benevolenza) che si manifestano per compensare il carico emotivo ed il costo di queste forme di conformismo.

L'acquiescenza invece, induce le persone a rispondere e comportarsi con modi socialmente accettati, indipendentemente dalla propria opinione.

Si ritiene che la persona conformista sia di solito psicologicamente passiva e insicura. Il conformismo è quindi un modo per ottenere l'approvazione degli altri con il solo adeguarsi alla moda o allo stile di vita corrente.

Alcune ricerche classiche della psicologia sociale (Adorno, *La personalità autoritaria*, 1950) hanno dimostrato che la personalità autoritaria è conformista e tende ad adeguarsi ai valori della classe media.

Al conformismo dovrebbe contrapporsi l'anticonformismo. Questo non è sempre vero: a volte comportamenti eccentrici e/o fuori dalla norma sono invece la regola in piccoli gruppi ai quali il singolo si adegua, appunto, per bisogno di approvazione (ad esempio, un comportamento deviante e anticonformista di un adolescente può essere invece conformista rispetto al gruppo di riferimento).

6.2 Il pregiudizio razziale

Gli studi sul pregiudizio razziale nascono e si sviluppano negli Stati Uniti tra gli anni Venti e gli anni trenta. Fino a quel momento gli studi psicologici sulla razza avevano cercato più che altro di dimostrare la superiorità dei bianchi sulle altre razze che vivevano in America, in particolare su quella nera.

Dopo la prima guerra mondiale gli studiosi abbandonano progressivamente il punto di vista razzista (i bianchi sono la razza superiore) e iniziano a chiedersi "se le altre razze non sono inferiori, come si spiega che i bianchi le hanno stigmatizzate ed emarginate?" Gli psicologi sociali cominciano a studiare i pregiudizi dei bianchi, e non più l'inferiorità dei neri. Più in generale, questo argomento determina anche la necessità di capire meglio cosa è un pregiudizio.

Con la seconda guerra mondiale, l'esperienza del nazismo e le tragiche conseguenze dell'antisemitismo si prende coscienza dell'enorme diffusione che può avere il pregiudizio razziale e anche della sua pericolosità. La psicoanalisi ne fornisce una spiegazione psicodinamica: il pregiudizio viene interpretato come il risultato di meccanismi inconsci che incanalano tensioni e frustrazioni del singolo e delle collettività verso una minoranza. Questi meccanismi avrebbero un carattere difensivo, servirebbero ad alleviare le angosce personali e del proprio gruppo sociale.

Esistono tipi di personalità che sono particolarmente propense al pregiudizio?

Questa domanda, nata intorno agli anni Cinquanta, probabilmente ne nascondeva un'altra: il fanatismo che ha generato l'olocausto era dovuto a personalità patologiche o era potenzialmente possibile anche per persone con processi mentali normali?

La prospettiva socio-culturale degli anni Sessanta-Settanta mette da parte i dubbi squisitamente psicologici per studiare soprattutto le dinamiche di gruppo e i conflitti d'interesse tra i gruppi. Tutto questo mentre nel sud degli Stati Uniti viene combattuta dai neri la dura battaglia per i diritti civili. Agli psicologi sociali apparve allora chiaro come il razzismo di intere nazioni (Sud Africa, Stati del sud degli Stati Uniti) non sia riconducibile a patologie o differenze individuali.

Dai loro studi emerge che il pregiudizio rappresenta una delle norme del vivere sociale ed essere razzisti è caratteristica del "buon cittadino".

Le vicende successive, degli anni settanta, ottanta e novanta, riportano l'attenzione sulla dimensione psicologica. Il razzismo, apparentemente abolito per legge e condannato ufficialmente, risorge sotto molte altre forme, sottili e individuali. Attualmente, il pregiudizio razziale viene spiegato in via teorica con un modello che prevede quattro processi fondamentali e tra loro complementari; ognuna di essi è singolarmente insufficiente per spiegare il fenomeno, ma la loro integrazione fornisce una spiegazione sufficientemente ragionevole:

- alcuni processi psicologici universali rafforzano il pregiudizio (meccanismi di difesa);
- alcune forme di interazione sociale trasformano il pregiudizio in una delle norme che regolano la vita sociale del gruppo;
- tale modalità di funzionamento del gruppo viene trasmessa e fatta propria dai singoli membri del gruppo;
- le differenze individuali spiegano il maggiore o minore adeguamento al pregiudizio razziale del gruppo.

6.3 Lo stereotipo maschile e femminile

I gruppi sociali tendono a categorizzare il mondo, ovvero a costruire delle categorie in cui vengono ricondotti i fenomeni e gli esseri che fanno parte dell'ambiente. Questo semplifica la percezione del mondo e l'adattamento alla realtà.

Il maschile e il femminile sono due realtà complesse che vengono comunemente semplificate in stereotipi (stereotipi sessuali).

Nel corso dello sviluppo dell'identità sessuale, intorno ai 5 o 6 anni, il bambino e la bambina si interessano moltissimo agli stereotipi sessuali (si veda la sezione sulla psicologia dell'età evolutiva). In quella fase i piccoli sono avidi di informazioni sul ruolo del proprio e dell'altro sesso. Le fonti a cui attingono sono le più disparate: i comportamenti e i messaggi dei familiari, la letteratura scolastica e per l'infanzia, i coetanei, la televisione. Si formano, allora, alcuni concetti o principi di fondo che caratterizzeranno la stessa identità sessuale. L'apprendimento di tali stereotipi, proprio perché precoce, costituirà un bagaglio psicologico difficilmente modificabile in seguito. Essi modificano sia il modo di percepire le cose (per cui certi comportamenti, certi modi di parlare vanno bene/non vanno bene perché sono/non sono da maschio o da femmina), sia il modo di comportarsi (un vero uomo fa così, una donna per bene fa così ecc.).

Gli stereotipi sessuali sono fortemente radicati nelle persone perché vengono appresi molto presto nel corso dello sviluppo.

Gli stereotipi sessuali sono anche continuamente rafforzati dall'ambiente sociale. Si prenda in considerazione il ruolo della pubblicità. La presentazione, ad esempio, di un profumo femminile viene di solito associata a figure dolci ed atmosfere delicate. Viceversa, un profumo maschile si presenta con figure rudi e messaggi che richiamano la virilità. Lo stereotipo che si conferma è quello della dolcezza della donna e della durezza dell'uomo.

Parte seconda

PSICOLOGIA EVOLUTIVA E DEL CICLO DI VITA

7 L'EVOLUZIONE DELLA PERSONA E LE FASI DEL CICLO DI VITA

IN SINTESI: L'EVOLUZIONE DELLA PERSONA E LE FASI DEL CICLO DI VITA
La psicologia evolutiva si occupa delle tappe della crescita del bambino e dell'adolescente. Ogni tappa definisce le caratteristiche dello sviluppo cognitivo, affettivo e della socializzazione. La psicologia del ciclo di vita descrive i cambiamenti psicologici nei vari passaggi dalla nascita alla vecchiaia.

Età evolutiva: comprende l'infanzia (dalla nascita ai 10-12 anni circa) e l'adolescenza.

Tappe dello sviluppo: nell'infanzia si distinguono *la prima infanzia* (da 0 a 3 anni, coincide con il ciclo delle scuole nido), *la seconda infanzia* (da 3 a 6 anni, coincide con la scuola materna), la *terza infanzia* o *fanciullezza* (coincide con la scuola elementare). Nell'adolescenza si distinguono la *prima adolescenza* (da 12 a 14 anni), la *media adolescenza* (da 14 a 16 anni), la *tarda adolescenza* (inizia con i 16 anni, si conclude con la *giovinezza* e l'*età adulta*).

La psicologia dell'età evolutiva e del ciclo di vita si occupa delle caratteristiche psicologiche di ogni tappa della crescita e della vita dell'individuo. Lo studio della psicologia dell'età evolutiva considera lo sviluppo psichico analogo al processo di crescita fisica. Il punto di arrivo di tutti i processi è la maturità psicologica. Si distinguono uno sviluppo cognitivo, uno sviluppo affettivo, uno sviluppo della socializzazione.

In passato questo settore della psicologia studiava quindi soprattutto l'infanzia (*child psychology*) e l'adolescenza (*adolescent psychology*). Attualmente si indaga sulle caratteristiche psicologiche che cambiano o restano immutate nell'arco della intera vita (*psychology of the life cycle*). Nei secoli passati si riteneva che non vi fossero differenze sostanziali tra adulto e bambino.

Dalle opere d'arte del passato ci arrivano immagini di bambini che vestono e sembrano comportarsi come adulti. Perché?
Ai bambini non veniva riconosciuta una specifica identità, per tale motivo venivano inseriti nelle attività lavorative e ricreative degli adulti. In generale, poi, erano poco curati e si prestava loro scarsa attenzione. Secondo gli etologi, in periodi di alta mortalità infantile, come il Medio Evo e i primi secoli dell'età moderna, si preferiva avere molti figli sapendo che diversi non sarebbero sopravvissuti. A ognuno poi si davano inevitabilmente poche cure e poche attenzioni. Dal Settecento si diffonde la sensibilità per l'infanzia che porta nuovi studi e ricerche e la comprensione delle tante differenze che esistono tra adulto e bambino.

Ciclo di vita

Il ciclo di vita è la successione delle tappe dalla nascita alla morte che gli individui solitamente attraversano e comprende l'intero arco della vita di una persona. Alcune sono tappe inevitabili (ad esempio pubertà, scolarizzazione, maturità, pensionamento – come termine dell'età produttiva – ecc.), altre dipendono dalle scelte della persona (ad esempio lavoro, matrimonio, avere figli ecc.). Altre tappe sono probabili ma non certe (ad esempio perdere un genitore presto oppure tardi, rimanere vedovi...). Ogni età ha le sue caratteristiche e le sue difficoltà e richiede capacità di adattamento. Le tappe sono determinate sia dai ritmi biologici sia dai "tempi" dati dalla nascita. La psicologia del ciclo di vita si occupa dei cambiamenti e delle trasformazioni di un individuo dalla nascita alla maturità e alla vecchiaia.

7.1 Prima infanzia (0-3 anni)

Lo sviluppo psichico determina in questa fase il passaggio da una condizione di dipendenza assoluta dall'ambiente a una di dipendenza relativa, da una condizione di generale passività a una progressiva attività, con risposte e azioni sempre più specifiche e differenziate.

La **nascita** è il passaggio dall'ambiente stabile e protettivo dell'utero materno al mondo esterno (alcuni autori hanno parlato di trauma della nascita). I primi contatti con l'ambiente sono mediati dalla madre (relazione madre-bambino). Grazie a questa relazione si stabilisce un legame o **attaccamento** che sarà fondamentale per costruire sicurezza e identità personale.

L'**allattamento**, lo **svezzamento** e i **primi movimenti autonomi** organizzano il mondo emotivo e percettivo-conoscitivo del bambino (fase orale).

Con la **deambulazione autonoma** (12-14 mesi) si avvia un processo di separazione dalla madre che contribuisce fortemente alla costruzione dell'identità individuale (fase della individuazione-separazione) e all'autonomia del piccolo. Lo sviluppo cognitivo è strettamente connesso alla percezione senso-motoria (intelligenza senso-motoria). Si passa dai riflessi ai primi comportamenti adattivi non innati. Progressivamente, interiorizzando le azioni compiute, il piccolo raggiunge intorno ai 18-24 mesi l'intelligenza rappresentativa, connessa con l'utilizzo del linguaggio.

Quali sono le tappe dello sviluppo del linguaggio?

Distinguiamo un periodo pre-linguistico, basato sulla comunicazione non verbale e sul pianto (che sostituisce in un certo senso le parole – pianto differenziato) e un periodo linguistico che ha inizio intorno al 3° mese con il balbettio, e vede la comparsa intorno all'8°-9° mese dei fenomeni della lallazione (es. te-te, bu-bu). Da qui le prime parole basate sulle sillabe uguali (ma-mma, pa-pa). Le prime forme di comunicazione linguistica sono le parole-frase (una sola parola esprime una intera frase dal significato complesso). Verso i 18-24 mesi il bambino costruisce frasi di due parole (mamma-pappa = mamma ho fame e voglio la pappa), proseguendo poi con frasi sempre più complesse.

7.2 Seconda infanzia (3-6 anni)

La seconda infanzia si caratterizza per:

- la conquista di una maggiore autonomia dovuta a una costanza dell'oggetto emotivo;
- la ricerca del controllo sull'ambiente;
- la conquista del controllo sfinterico (fase anale);
- l'avvio della socializzazione;
- la comparsa della coscienza morale.

La capacità di conservare una immagine delle figure di riferimento (oggetto materno in primo luogo) consente al bambino di avere una più ampia **autonomia affettiva**. La consapevolezza che la madre non scompare perché si allontana, e che il legame con la madre è costante e stabile (costanza dell'oggetto) permette al bambino di avviare poi la ricerca di un adattamento autonomo all'ambiente, con iniziative di **controllo** reale o fantastico **sull'ambiente** che lo circonda.

La realizzazione del **controllo sfinterico** coinvolge diversi processi maturativi. Il bambino può usare le feci per esprimere sia aggressività (feci espulse, feci trattenute, feci che sporcano) che attaccamento (feci come regalo). Il bambino prova per la prima volta sentimenti legati alla pulizia, al pudore, alla vergogna. Il bambino conquista autonomia imparando a dire "no" e "io". Per la prima volta fa i conti con spinte morali (super-io), molto rudimentali in questo periodo della vita, e prova cosa è il senso di colpa.

Dai tre anni i bambini sono frequentemente inseriti nella scuola materna, prima vera esperienza di distacco dalla famiglia, e vivono il confronto con gli altri in un gruppo di pari. Compare il gioco che, progressivamente, da egocentrico diventa sociale. Queste sono le tappe iniziali della **socializzazione**. Lo sviluppo cognitivo si basa sull'intelligenza rappresentativa. Il pensiero è intuitivo, si attua attraverso rappresentazioni elementari. Manca la capacità di operare in modo logico (intelligenza pre-operatoria), l'esperienza percettiva è fondamentale per la costruzione del pensiero.

7.3 Terza infanzia (6-10 anni)

L'ingresso nella scuola è il grande cambiamento che segna l'inizio della terza infanzia. La scuola è la società del bambino, il luogo dove acquista uno specifico ruolo sociale e dove gli vengono fatte richieste e dati compiti specifici. La terza infanzia si caratterizza, rispetto alla prima e alla seconda, per un maggior equilibrio emotivo (fase di latenza – Freud). In questo periodo il bambino appare davvero un "piccolo uomo", con un suo spazio naturale ben definito. Le tensioni delle relazioni con i genitori, tipiche delle cosiddette "fasi edipiche", tendono ad attenuarsi. Si rafforzano le difese dell'Io e l'identità, grazie all'identificazione con i genitori visti come modelli positivi. Il gioco diventa organizzato, il bambino interagisce con naturalezza nel gruppo dei coetanei. Si forma un codice morale più preciso e meno rigido di quello dell'età pre-scolare. Il pensiero acquista capacità logiche, anche se ancora basate su dati concreti (intelligenza operatoria concreta). Il bambino può formulare concetti. Anche il linguaggio si arricchisce, favorendo la comunicazione sociale.

8 LA GENESI DELL'IDENTITÀ E L'INTEGRAZIONE DELL'IO

IN SINTESI: LA GENESI DELL'IDENTITÀ E L'INTEGRAZIONE DELL'IO

Durante l'adolescenza giungono a compimento alcuni processi psicologici fondamentali che hanno avuto origine nell'infanzia: la formazione dell'identità personale, l'integrazione tra le varie componenti dell'Io (funzioni dell'Io, difese, confini), la maturazione psicosessuale e del senso morale.

Pubertà: fase della prima adolescenza caratterizzata dalla comparsa di rilevanti modifiche fisiologiche, quali la maturazione sessuale e la comparsa dei caratteri sessuali secondari.

Adolescenza: tappa della vita compresa tra l'infanzia e l'età adulta, caratterizzata da profondi cambiamenti sia fisiologici sia psicologici. Tali cambiamenti portano a una maturazione fisica, alla definizione dell'identità personale e sessuale, alle capacità di ragionamento astratto.

Io: la struttura psicologica che media tra le richieste del mondo interno (pulsioni, spinte morali, ideali) e quelle provenienti dal mondo esterno, cercando un possibile equilibrio. È costituito da diverse strutture psicologiche (funzioni dell'Io, difese dell'Io, confini dell'Io).

Di solito, quando si pensa alla formazione dell'identità, viene naturale pensare al periodo dell'adolescenza. In realtà la costruzione del sé inizia sin dai primi mesi di vita, quando l neonato progressivamente passa da uno stato mentale di fusione con la madre (simbiosi) a una progressiva consapevolezza di se stesso e a un senso di individualità e differenziazione dagli altri. Intorno ai due anni il *concetto di sé* si articola e diventa sempre più complesso.

Perché la costruzione dell'identità si associa alla consapevolezza della separazione?

Secondo molti autori il neonato passa da una condizione iniziale di quasi totale isolamento (fase autistica) a una relazione funzionale con la madre talmente coinvolgente da non permettere una reale differenziazione tra i due membri della relazione. È un po' come se la madre fosse il bambino e il bambino la madre. Solo quando il piccolo costruisce (con dolore) la consapevolezza che è una persona diversa dalla madre (separazione) inizia la formazione dell'identità (individuazione).

Con l'arrivo della pubertà e dell'adolescenza il concetto di sé affronta un passaggio radicale. I cambiamenti propri di questa fase del ciclo di vita portano a modifiche e definizioni radicali e in un certo senso definitive. Nel periodo compreso tra gli 11 e i 18-25 anni ogni persona, di solito, costruisce le caratteristiche basilari e per certi versi definitive dell'identità.

Nella *prima adolescenza* (11-14 anni) vi sono complesse variazioni fisiologiche (pubertà) che determinano rapidi mutamenti fisici, come l'aumento del peso e dell'altezza, il cambiamento delle proporzioni del corpo, la maturazione dei caratteri sessuali. Contemporaneamente, e collegato a esse, inizia un progressivo allontanamento dalle figure genitoriali, passaggio necessario ma ansiogeno. L'adolescente diventa critico con i genitori e inizia a orientarsi verso il gruppo dei pari, dove trova, tra i coetanei, dei modelli di riferimento. L'intelligenza compie un ulteriore passo in avanti, acquisendo la capacità di operare in modo astratto (intelligenza operatorio-astratta), fatto questo che facilita l'utilizzo della razionalizzazione e intellettualizzazione (tipici meccanismi di difesa adolescenziali).

Nella *media adolescenza* (14-16 anni) l'adolescente è pronto a staccarsi emotivamente dai genitori e a cercare un oggetto sessuale. Il gruppo è ancora il punto di riferimento, ma cambia nella composizione. Mentre in precedenza era prevalentemente composto da membri dello stesso sesso, ora diventa misto. Progressivamente si definisce l'identità sessuale, che si accompagna a comportamenti sempre più coerenti con la scelta fatta.

Nella *tarda adolescenza* (16-18 anni e più) l'obiettivo evolutivo è il raggiungimento di una stabile identità dell'Io. Si tratta di un periodo decisivo caratterizzato dall'integrazione dell'Io e da un miglior adattamento all'ambiente. L'adolescente si riconosce per le proprie caratteristiche affettive, intellettive e sessuali. Si rafforza anche l'identità socio-culturale, con scelte che influenzeranno gli anni successivi, a volte tutta la vita (ad esempio il tipo di studi, il lavoro).

Ognuna delle fasi descritte, naturalmente, può comportare difficoltà e le sue crisi. L'adolescenza è stata descritta molto spesso come una età di crisi proprio per i problemi legati all'*identità*.

IDENTITÀ PERSONALE

In psicologia si intende con Identità personale il senso che ognuno ha di essere continuo nel tempo e distinto come entità da tutte le altre, e la capacità di costruire una memoria personale che permette una relazione stabile tra le percezioni che si succedono e tra presente e passato. L'identità si costruisce e si basa sulle riflessioni che il soggetto fa confrontando se stesso con gli altri. L'identificazione, ma anche la differenziazione da modelli (in primo luogo i genitori, poi i compagni e gli amici) è fondamentale per la costruzione dell'identità. Lo sviluppo e l'integrazione dell'Io rafforzano il senso di identità che attraversa varie crisi e modifiche a seconda del ciclo di vita. Avere una buona identità personale è fondamentale per l'equilibrio psichico. Possiamo infatti avere crisi dell'identità e addirittura vere e proprie malattie mentali (ad esempio alcune forme di schizofrenia) in cui si perde il senso di identità.

L'adolescente deve passare da un concetto di sé costruito sull'opinione dei genitori a un concetto di sé basato sul giudizio dei coetanei e fondato su aspetti in precedenza poco o per niente importanti, come l'aspetto fisico o l'attrazione sessuale. Si tratta di un passaggio complesso, ma non necessariamente tormentato. Studi longitudinali hanno dimostrato che molti ragazzi e ragazze vivono serenamente questo periodo della vita e solo una percentuale ridotta (circa il 20%) attraversa situazioni conflittuali.

Perché l'adolescente costruisca e consolidi la propria identità occorre una buona *integrazione dell'Io*, ovvero armonizzare le diverse strutture psicologiche che le compongono. Ad esempio, di fronte al riemergere delle spinte provenienti dalle pulsioni (sessuale, aggressiva), l'adolescente dovrà cercare un nuovo equilibrio, trovando uno spazio per consentire a queste spinte di esprimersi, ma in un modo socialmente accettabile, discriminando tra ciò che può essere fatto e ciò che va rinviato o espresso in altre forme. Tutto questo richiede capacità dell'Io ben organizzate e integrate.

Vi sono due aspetti particolari della costruzione dell'identità personale:

- la comparsa del **senso morale**;
- la genesi dell'**identità sessuale**.

8.1 La moralità

Intorno al secondo anno di vita compare nel bambino il senso morale. Si tratta di un fenomeno universale, indipendente da fattori socio-culturali e, pare, dal rinforzo, ovvero da approvazione-disapprovazione dei genitori. Il senso morale si modifica nel corso dello sviluppo per cui si parla di tappe dello sviluppo cognitivo-morale (Piaget). Si ha la condizione *premorale* (fino a 3-4 anni), in cui il piccolo non comprende le norme e non esprime giudizi morali. Nelle tappe successive si ha il *realismo morale*. Le norme vengono da una potente entità esterna (morale eteronoma), sono considerate fisse e assolute. Il bambino poi ritiene che l'infrazione di una norma verrà immediatamente punita (fede nella giustizia imminente), ed è indifferente alle intenzioni, non si chiede quale è la motivazione che potrebbe esserci dietro un comportamento sbagliato. Divenuto poi grande, sviluppata una vita di relazione con i coetanei, il bambino passa al *relativismo morale*, meno rigido e più attento alle cause che alle conseguenze.

8.2 Genesi dell'identità sessuale

L'identità sessuale è una componente fondamentale dell'identità personale. Non va confusa con il comportamento o la vita sessuale. L'identità sessuale comprende le emozioni, i sentimenti, la vita affettiva, i pensieri e le esperienze che si hanno facendo parte di un certo sesso. Se le differenze di sesso sono biologiche, le differenze di identità sessuale (identità di genere) sono dovute ad aspetti psicologici, sociali, culturali. I bambini riconoscono se stessi e gli altri come maschi/femmine intorno ai 2 anni. A 4 comprendono che l'appartenenza a un sesso è un dato stabile, che perdura nel tempo e non cambia nella persona. Ma la costanza di genere, ovvero il sentirsi stabilmente appartenente a un certo sesso, arriva intorno ai 5/6 anni. E proprio intorno ai 5/6 anni il bambino raccoglie avidamente informazioni su ruoli, stereotipi e comportamenti propri di ciascun sesso. Questo facilita la progressiva *caratterizzazione sessuale*, ovvero l'adeguare progressivamente il comportamento al genere. Il bambino ha sempre più chiaro in mente come deve comportarsi un maschio o una femmina e si adegua. Nell'adolescenza le tappe precedenti vengono ridefinite in una più complessa psico-sociale (si veda sopra). Con la maturazione sessuale e dell'identità si raggiunge così l'*identità sessuale* vera e propria. Occorre aggiungere che, come per l'identità, anche per l'identità sessuale si hanno diverse possibili variazioni. Oltre all'identità maschile e femminile, si ha l'*identità androgina* (ruoli e caratteristiche maschili e femminili si mescolano), l'*identità indifferenziata* (l'individuo non si sbilancia né verso il maschile né verso il femminile), l'*inversione sessuale* (identità sessuale che in modo più o meno spiccato non è coerente con il sesso della persona). L'inversione sessuale, riguardando le caratteristiche di genere, può coesistere con una vita sessuale coerente con il sesso (esempio donne mascoline o uomini femminei che hanno una vita eterosessuale). L'*identità omosessuale*, infine, ha caratteristiche specifiche che si stabiliscono spesso con un doloroso percorso personale, e che sono diverse da quelle descritte in precedenza.

9 L'EVOLUZIONE RISPETTO AI CONDIZIONAMENTI AMBIENTALI E ISTINTUALI

IN SINTESI: L'EVOLUZIONE RISPETTO AI CONDIZIONAMENTI AMBIENTALI E ISTINTUALI

Per comprendere come i condizionamenti ambientali e quelli istintuali influenzano e determinano l'evoluzione di una persona occorre abbandonare un approccio meccanicistico, basato sul principio causa-effetto, e leggere quello che accade nel sistema in cui si cresce (eco-sistema) seguendo le relazioni tra i molteplici fattori (approccio sistemico) che ne fanno parte.

Ereditarietà: trasmissione dei caratteri normali o patologici attraverso il patrimonio genetico.

Ambiente: in psicologia si distingue tra *luogo* dove si attua la crescita e ambiente come *fattore di crescita*, ovvero le variabili naturali e culturali che influenzano e condizionano l'individuo (per esempio: ambiente familiare, ambiente scolastico ecc.).

Istinto: una risposta a uno stimolo ambientale propria non del singolo ma della specie a cui appartiene, quindi uguale per tutti i membri. L'istinto (la risposta istintiva) viene trasmesso filogeneticamente (bagaglio ereditario).

Condizionamento: forma di apprendimento che associa una certa risposta a un certo stimolo. È una delle forme più semplici con cui l'ambiente modifica il comportamento del singolo essere.

Ecosistema: l'ambiente nella sua totalità delle relazioni e rapporti esistenti.

9.1 Ereditarietà o ambiente?

Per molto tempo in psicologia c'è stato uno scontro tra chi si schierava per il primato del programma dello sviluppo predisposto dalla natura e chi invece riteneva che un bambino nasce come una tabula rasa e che il suo sviluppo dipende completamente dagli stimoli ambientali. Oggi si ritiene che la situazione sia ben più complessa, che i due fattori interagiscano, modificandosi vicendevolmente e che lo sviluppo psicologico sia dovuto a questa interazione. In tal senso ereditarietà e ambiente non si sommano, ma si intrecciano in modo complesso. Per capire come l'evoluzione sia collegata tanto ai fattori ambientali quanto a quelli istintuali è utile assumere un *punto di vista ecologico*. L'ambiente va considerato come un sistema complesso ed esteso.

La *teoria generale dei sistemi* di **Ludwig Von Bertalanffy** è un modello teorico di riferimento molto importante per comprendere un ecosistema e quindi anche l'ecosistema evolutivo, quello in cui il bambino cresce e si sviluppa. Grazie a questa teoria e agli studi successivi, in psicologia si è superato progressivamente il meccanismo comportamentista a favore di una prospettiva sistemica. È molto importante non solo rendersi conto che i fattori collegati allo sviluppo sono tanti, ma anche che tra di loro interagiscono secondo determinati principi. Ad esempio, l'approccio sistemico sostituisce la spiegazione dei fenomeni basato sul rapporto causa-effetto con una spiegazione basata sulle relazioni circolari. Una prospettiva del genere modifica radicalmente la spiegazione dei processi evolutivi. Non ci si chiede più se un certo fattore (ad esempio l'altezza o anche un tratto del carattere) è dovuto all'ereditarietà o a cause ambientali, ma si vede il sistema nel complesso e si tenta di cogliere come il bambino con il suo bagaglio naturale interagisce con i più disparati elementi del sistema, ad esempio i genitori, il loro stile educativo ma anche l'alimentazione, la pubblicità, lo stato sociale ecc.

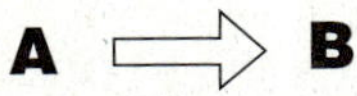

Modello causa-effetto
(interazione lineare)

Modello Circolare
(Interazione circolare)

EREDITARIETÀ E AMBIENTE

Nella storia della psicologia si è discusso a lungo sul ruolo dei fattori ereditari e ambientali per lo sviluppo. Le due posizioni sono state in passato contrapposte nettamente. Coloro che sostenevano la priorità degli elementi biologici (**Jensen**, **Eysenck**) e genetici basavano le proprie affermazioni su ricerche condotte prevalentemente con coppie di gemelli le cui capacità venivano misurate con strumenti psicometrici (test mentali ecc.). Spesso, a indagine più accurata, tali ricerche si sono rivelate metodologicamente scorrette e con fini strumentali (ad esempio ricerche degli anni Trenta negli Stati Uniti per dimostrare che gli immigrati erano inferiori). Tra i fautori del fattore ambientale si ritrovano posizioni diverse. Alcuni hanno sostenuto un rapporto dialettico tra natura e cultura. L'educazione e l'apprendimento si inseriscono nel naturale sviluppo del bambino (**psicologia sovietica**). Altri ritenevano possibile la completa pianificazione del comportamento umano attraverso semplici meccanismi di condizionamento determinano la costruzione psicologica della persona (**comportamentismi**). Una posizione intermedia tra innatismo e ambientalismo è quella che rivaluta il ruolo di costruzione che il soggetto assume nell'interagire con l'esterno, cioè nell'assimilare le informazioni che vengono dal di fuori a schemi interni mutando contemporaneamente la natura di tali schemi (Piaget e psicologia svizzera). In ultimo l'approccio ecologico (**Bronfenbrenner**) propone di ampliare il punto di vista collocando la relazione fattori ereditari/ambientali nell'ambito di un ecosistema (sviluppo come trasformazione ecologica).

Un bambino ha difficoltà a scuola. Quale "ambiente" osservare?

La prima risposta, la più semplice, sarebbe quella di osservare il bambino, le sue caratteristiche personali (funzioni cognitive, motivazione allo studio). Presto però, in un approccio ecologico, ci si rende conto che occorre prendere in considerazione il gruppo con cui interagisce, la classe, gli insegnanti. E questo ancora non basta; ci si deve chiedere: come è organizzata la scuola? Quale è il clima emotivo che vi regna? La scuola come si rapporta con le famiglie e con il mondo esterno? Ecco allora che si apre un'altra finestra altrettanto importante, la **famiglia**. L'osservatore deve chiedersi come è la famiglia, quali sono le sue relazioni interne e con l'esterno. Infine, quale è la realtà socio-culturali in cui si collocano i sistemi osservati? Quale è il contesto storico?

10 LE SCUOLE E GLI AUTORI

IN SINTESI: LE SCUOLE E GLI AUTORI
- Piaget: lo sviluppo cognitivo;
- La psicoanalisi e Freud: lo sviluppo psicosessuale e affettivo;
- E. H. Erickson: identità e adolescenza;
- Brofenbrenner: l'approccio ecologico.

10.1 Piaget

Piaget, psicologo svizzero (1896-1980), ha dedicato la sua vita allo studio della formazione e dello sviluppo cognitivo, costruendo quello che lui stesso ha chiamato **epistemologia genetica**. Laureato in scienze naturali, si è interessato di psicoanalisi, psicologia, psichiatria, trovando poi il centro del proprio interesse nello sviluppo del pensiero infantile. Tra le opere principali si ricordano: *La rappresentazione del mondo nel fanciullo* (1926); *Il giudizio morale nel fanciullo* (1932); *La psicologia dell'intelligenza* (1947); *Introduzione all'epistemologia genetica* (1949-51).

10.1.1 Le fasi dello sviluppo cognitivo

Per Piaget alla base dello sviluppo cognitivo c'è la ricerca dell'adattamento del bambino all'ambiente. L'intelligenza è la forma più raffinata di adattamento. Perché ci sia un processo di sviluppo occorre:

- la **maturazione neurologica** del soggetto;
- l'esercizio e l'**esperienza acquisita nell'azione** effettuata sugli oggetti;
- le **interazioni** e le trasmissioni sociali.

Per studiare lo sviluppo cognitivo fin dalla più tenera età Piaget utilizza un proprio metodo in cui combina sapientemente intervista, osservazione e semplici test. Due concetti permettono di comprendere il processo di adattamento cognitivo: l'**assimilazione**, intesa come l'incorporazione di elementi provenienti dall'ambiente nella struttura psicologica del piccolo e l'**accomodamento**, ossia la modifica delle strutture psicologiche dell'individuo in funzione delle modificazioni dell'ambiente. Scrive Piaget: *"l'adattamento è un equilibrio tra assimilazione e accomodamento".*

Piaget definisce quattro periodi nello sviluppo cognitivo:

- periodo dell'intelligenza senso-motoria (0-24 mesi);
- periodo dell'intelligenza preoperatoria (2-6 anni);
- periodo dell'intelligenza operatoria concreta (da 6/7 anni a 11/12 anni);
- periodo dell'intelligenza operatorio-astratta (da 11/12 anni in poi).

Periodo dell'intelligenza senso-motoria (0-24 mesi)

La costruzione dell'intelligenza si basa su *percezione* e *azione*. In questo periodo l'azione motoria rappresenta l'equivalente delle operazioni logiche del pensiero. Tramite l'azione il bambino assimila nuovi oggetti dall'ambiente; questi ultimi, per accomodamento, determinano la comparsa di nuovi schemi.

Periodo dell'intelligenza pre-operatoria (2-6 anni)

In questo periodo il bambino passa progressivamente all'intelligenza rappresentativa. Associa ogni oggetto a una immagine mentale (rappresentazione) e tale oggetto può essere evocato anche quando è assente. Si sviluppa così la funzione simbolica: *"La capacità di evocare oggetti o situazioni non attualmente percepiti servendosi di segni o simboli"*. Tuttavia il pensiero non è ancora in grado di attuare operazioni logiche reversibili, ed è chiamato per questo *pre-operatorio*.

Periodo dell'intelligenza operatoria concreta (dai 6-7 anni agli 11-12 anni)

Perché ci sia una intelligenza pre-operatoria occorre che il bambino sia in grado di "decentrarsi", di non considerare le cose solo dal suo punto di vista. Questo corrisponde a un grosso progresso nella socializzazione e nella oggettivazione del pensiero. Il pensiero diventa reversibile, conquista la capacità di raggruppare in classi gli oggetti (seriazione, classificazione). Il bambino diviene poi capace, quando manipola delle sostanze, di comprendere cosa muta (ad esempio la forma) e cosa resta invariato (ad esempio il peso). Il limite di tale tipo di intelligenza è che è basato su supporti concreti (intelligenza concreta): il bambino non riesce ancora a ragionare partendo dai soli enunciati verbali.

Periodo dell'intelligenza operatorio astratta (dagli 11-12 anni in poi)

Con l'intelligenza operatorio concreta manca la capacità di applicare le operazioni mentali a situazioni ipotetiche. La capacità di ragionare non solo sulle cose concrete, ma anche su quelle possibili, arriva con l'adolescenza. In pratica i ragazzi applicano ai problemi un tipo di ragionamento che è metodico e sistematico e che li rende simili, in qualche modo, a degli scienziati.

10.2 La Psicoanalisi e Freud

La psicoanalisi viene spesso identificata con l'opera del suo fondatore **Sigmund Freud**. In realtà, dalla sua nascita, oltre un secolo fa, c'è stata una profonda evoluzione sia dei concetti teorici sia delle applicazioni pratiche. Ad esempio, Freud riteneva che non fosse possibile una psicoanalisi con un bambino, a meno che non fosse condotta direttamente dal genitore. Oggi tutte le correnti psicoanalitiche che si occupano di infanzia sono convinte del contrario. Di seguito si riportano i concetti psicoanalitici più importanti per la psicologia dell'età evolutiva espressi da Freud.

10.2.1 Freud: vita e opere

Sigmund Freud (1856-1933), medico, iniziò a occuparsi di neurologia, passando poi allo studio dei disturbi psichici. Dopo le prime indagini rivolte all'isteria, Freud studiò le diverse forme di malattie mentali costruendo un modello di interpretazione e di terapia che chiamò **psicoanalisi**. Gli scritti di Freud sono numerosi. Se ne ricordano solo alcuni, tra cui: *L'interpretazione dei sogni* (1899); *Psicopatologia della vita quotidiana* (1901); *Tre saggi sulla teoria sessuale* (1904); *Introduzione alla psicoanalisi* (1915-17/1932); *L'Io e l'Es* (1922); *Al di là del principio del piacere* (1923); *Analisi terminabile e interminabile* (1937).

10.2.2 Le fasi dello sviluppo psicosessuale

Con la sua opera Freud dimostra che una parte della vita mentale non è cosciente. Egli lo fa studiando alcuni eventi che permettono di entrare in contatto con quello che già prima di lui veniva chiamato **inconscio**: i sintomi psicopatologici, i sogni, i lapsus, gli atti mancati. Partendo da questi studi Freud, intorno agli anni venti, definisce un modello di personalità basato sull'*Es* (sede delle spinte pulsionali, sia sessuali in senso lato sia aggressive), *Io* (la struttura centrale di personalità, in larga parte cosciente, che media tra realtà e richieste provenienti dal mondo interno grazie ai suoi strumenti, le funzioni dell'Io e i meccanismi di difesa) e *Super-Io* (la struttura psicologica che funge da coscienza morale). Freud ha proposto alcune tappe o fasi dello sviluppo psicosessuale o libidico, cioè la fase orale, la fase anale, la fase fallica, il periodo di latenza e l'adolescenza.

Fase orale (0-2 anni)

Nel periodo dell'allattamento e nel primo anno di vita, la zona orale è l'area fisica dalla quale il bambino ricava piacere (il ciucciare) ma anche che permette di esprimere l'aggressività (il mordere) e di stabilire contatti e relazioni con la madre e con gli oggetti. Freud ritiene che il bambino si attacchi alla madre perché nutrito. Le ricerche successive hanno dimostrato il ruolo fondamentale della relazione affettiva. La fase orale è la tappa dello sviluppo maggiormente indagata dagli psicoanalisti che hanno approfondito le prime intuizioni di Freud. Si ricordano **Klein** (relazione bambino/seno), **Bowlby** (teoria dell'attaccamento), **Mahler** (suddivisione dei primi due anni di vita in fase artistica, simbiotica, della individuazione/separazione), **Winnicott** (oggetto transizionale).

Fase anale (2-4 anni)

Progressivamente l'attenzione del bambino si sposta nella zona anale e il piacere e la relazione con gli adulti ruota intorno al tenere/evacuare. Le feci assumono un significato simbolico (ad esempio un dono che si concede, ma anche una parte del corpo che si perde, con l'angoscia che ne segue) e relazionale (feci come dono per dimostrare amore, ma anche feci per sporcare e mostrare la propria rabbia).

Fase fallica (4-6 anni)

La maturazione fisica porta a concentrare le energie pulsionali sull'area genitale. C'è un grosso interesse per le differenze sessuali, la manipolazione dei genitali si accompagna a molte fantasie onnipotenti sulle possibilità che essi hanno. La relazione affettiva con gli adulti comunemente trova la sua espressione più alta nell'ambito della famiglia. Freud ha parlato di *complesso edipico* per descrivere gli affetti e le fantasie del bambino verso il genitore dell'altro sesso (è il periodo in cui il/la bambino/a vuole sposare la mamma/il papà e vive come terzo incomodo il genitore del proprio sesso). I desideri verso il padre o la madre si scontrano con la realtà e i tabù sessuali. Il complesso edipico tramonta per la rinuncia dell'oggetto libidico e viene sostituito da meccanismi di identificazione e da processi di sublimazione che rafforzano l'identità e la personalità del bambino.

Periodo di latenza e adolescenza

Freud chiama periodo di latenza l'età tra i 6 e i 10 anni circa. Sostiene che in tale fase vi è una sostanziale stabilità delle pulsioni (da cui latenza) e dei conflitti che ne derivano. Molte ricerche hanno invece dimostrato che la terza infanzia, in generale più stabile rispetto alle tappe precedenti, può comunque portare difficoltà emotive. Nell'adolescenza, grazie alle spinte provenienti dalla crescita, vengono nuovamente attivati i processi psicologici tacitati dal periodo di latenza. La pubertà risveglia l'interesse sessuale, ma questa volta le pulsioni sono raggruppate per raggiungere il primato genitale e indirizzate fuori dalla famiglia, con la scelta di oggetti d'amore esterni.

10.3 Erik Homburger Erickson

Erickson, psicologo americano, ha proposto una rivisitazione delle teorie psicoanalitiche, semplificando i processi psicologici descritti nello sviluppo psicosociale e prestando una grande attenzione agli aspetti costruttivi e positivi dello sviluppo. Erickson ha inoltre analizzato con grande attenzione l'adolescenza e la psicologia dell'identità. Tra le opere si ricordano: *Infanzia e società* (1950); *Gioventù e crisi di identità* (1968).

10.3.1 Le tappe dello sviluppo psicosociale

Per Erickson la costruzione del senso di identità sociale è lo scopo principale della vita. Ogni tappa dello sviluppo permette all'individuo di definire se stesso, arricchendolo di nuove caratteristiche. Erickson descrive otto fasi psicosociali dalla nascita all'età adulta e per ognuna indica i dilemmi, ovvero i confronti con se stessi e con la realtà che permettono, mettendo alla prova, una definizione dell'identità sempre più puntuale e matura. Il passaggio da una fase all'altra è sempre segnata da una crisi.

Età	Fase psicosociale: qualità che l'Io deve definire
0-1	Fiducia di base o sfiducia
2-3	Autonomia o vergogna e dubbio
4-5	Iniziativa o colpa
6-12	Industriosità o inferiorità
13-18	Identità o confusione dei ruoli
19-25	Intimità o isolamento
26-40	Generatività o stagnazione
41-...	Integrità dell'Io o disperazione

Erickson si è particolarmente soffermato sul periodo dell'adolescenza e sulla formazione dell'identità in quell'età. Per Erickson è fondamentale il passaggio da un concetto di sé basato sull'opinione dei genitori a quello ricavato dal gruppo dei pari. Per definire la propria identità l'adolescente può scegliere, ad esempio, una strada difficile, basata sull'opposizione al mondo degli adulti, su una "identità-contro". In ogni caso, secondo Erickson, la definizione dell'identità nell'età adolescenziale comporta una crisi (crisi adolescenziale).

10.4 Urie Bronfenbrenner

Psicologo americano, **U. Bronfenbrenner** ha sviluppato il filone dell'"ecologia evolutiva". Partendo dalla teoria di K. Lewin (si veda il § 5.2), e dal concetto di spazio di vita, Bronfenbrenner ha approfondito il rapporto tra sviluppo ed ecosistema. Tra le opere principali ricordiamo: *Ecologia dello sviluppo umano* (1979).

10.4.1 L'approccio etologico

Bronfenbrenner ha proposto un modello che permette di analizzare l'ambiente in cui cresce il bambino facendo riferimento non più alla sola realtà concreta in cui vive, ma al sistema più ampio in cui è immerso, ovvero al suo **ecosistema**. Bronfenbrenner distingue quattro tipi di contesti sistemici:

- il *microsistema*, contesto immediato in cui ci si trova (per un bambino, ad esempio, la famiglia);
- i diversi *esosistemi*, ovvero sistemi contigui al microsistema preso in considerazione, che comunque lo influenzano (ad esempio l'ambiente di lavoro dei genitori);
- i *mesosistemi*, costituiti dalle relazioni tra sistemi diversi (ad esempio la relazione famiglia-scuola; due sistemi che interagiscono danno origine a un mesosistema o sistema di mezzo);
- i *macrosistemi*, lo sfondo generale (ad esempio il periodo storico, lo Stato in cui si vive ecc.) sia storico-sociale sia istituzionale.

Quando un microsistema cambia (ad esempio nasce un altro bambino) o un nuovo microsistema si aggiunge a quelli esistenti (ad esempio un bambino che va per la prima volta a scuola), Bronfenbrenner parla di **transizioni ecologiche**. L'intera opera di Bronfenbrenner sottolinea il ruolo dell'ambiente per lo sviluppo e per l'educazione.

11 TEMI DI APPROFONDIMENTO

11.1 La sessualità e il suo diverso significato nelle varie fasi del ciclo di vita

Occorre fare subito una differenziazione tra **sesso** e **genere**. Il sesso di un individuo è un dato biologico dovuto a caratteristiche anatomiche e fisiologiche. Il genere invece si costruisce culturalmente e riguarda i ruoli tipici e gli stereotipi che fanno parte dell'essere maschio e femmina in una certa classe sociale, in un certo periodo storico ecc. Costruire e prendere consapevolezza del proprio genere è un processo lungo che parte dai 2 anni di vita e si completa con l'adolescenza.

Tra i 2 e i 5-6 anni progressivamente il bambino formula il suo genere: prima distingue esteriormente i maschi dalle femmine, poi comprende che il genere resta stabile nel tempo, non muta, infine che resta tale nonostante i travestimenti o i mascheramenti esteriori.

Verso i 5-6 anni bambini e bambine diventano particolarmente curiosi e interessati alle caratteristiche tipiche (ruoli e stereotipi) legate ai sessi. Sono per questo particolarmente attenti a tutte le notizie che raccolgono in famiglia, tra coetanei, dalla televisione. Dai 6 ai 10 anni si costruiscono molti degli atteggiamenti e degli stereotipi che riguardano il genere. Importante notare che la conoscenza del genere maschile matura prima di quello femminile. Sempre intorno ai 5-6 anni inizia la caratterizzazione sessuale, ovvero il progressivo adeguamento dei propri comportamenti al genere sessuale a cui si appartiene. Nella tappa successiva l'adolescente definisce la propria identità sessuale, interpretando con uno stile personale il genere a cui appartiene. Per molto tempo, nel senso comune, le identità sessuali possibili erano due, maschile e femminile. Oggi sappiamo che ce ne sono diverse: identità maschile, femminile, omosessuale (sia maschile sia femminile), identità sessuale indifferenziata (con uno scarso sbilanciamento sia verso il maschile sia verso il femminile) e androgina (in cui maschile e femminile si mescolano). Quale che sia la direzione intrapresa nell'adolescenza, è certo che l'identità sessuale costituirà un caposaldo della identità personale di ognuno.

11.2 La condizione dell'anziano

Gli studi e le ricerche sulla condizione dell'anziano si sono via via moltiplicati, anche per il progressivo aumento della vita media e la necessità di realizzare forme di previdenza per gli anziani. La figura dell'anziano oggi riveste un ruolo diverso da quello che aveva nella società contadina. Tradizionalmente l'anziano era associato a due stereotipi, quello del vecchio saggio contrapposto a quello del vecchio demente. Molti anziani venivano considerati la memoria storica e i depositari della conoscenza di un gruppo. Tale ruolo li poneva al riparo dal sentimento di alienazione. Nelle società industriali invece l'incapacità di produrre ha portato a una visione negativa dell'età senile. L'anziano viene vissuto e si vive molto spesso come un peso. Ma quando si diventa anziani e come? Esiste una senilità psicofisica, ma c'è anche una senilità sociale e una psicologica. Le ricerche biomediche, oltre ad allungare la vita media, ritardano sempre più gli effetti associati alla senilità (ad esempio demenza). Tuttavia si diventa comunque vecchi quando si va in pensione, tagliando i rapporti connessi col mondo del lavoro; quando la famiglia e il gruppo sociale a cui si fa riferimento si sciolgono, con l'allontanarsi dei figli e la perdita di congiunti e amici; con l'arrivo di una grande quantità di tempo libero che non si sa bene come gestire.

La **condizione psicologica dell'anziano** è spesso caratterizzata dalla **depressione**. Questo per molti motivi: la perdita e i cambiamenti, la mancanza di progettualità ancorata alla realtà, l'avvicinarsi della morte. L'anziano spesso vive un profondo senso di solitudine, frutto peraltro dello stile di vita proprio di questa società in cui si predilige il fare al sentire. Va però detto che progressivamente si sta costruendo una maggiore coscienza sociale relativa alla condizione dell'anziano, e che si lavora sempre più per dare un supporto a coloro che vivono questa fascia di età (ad esempio centri di aggregazione sociale, assistenza domiciliare, università della terza età ecc.). Questo è stato favorito anche dalla ripresa di un potere sociale da parte dell'anziano, grazie all'evoluzione democratica della società (potere di voto) e alle riforme previdenziali (potere economico).

11.3 La crisi adolescenziale

In psicologia si distingue tra crisi evolutiva o di sviluppo, intrinsecamente legata alla crescita di ogni individuo (adolescenza, maturità, menopausa ecc.) e crisi accidentale, dovuta a fatti non previsti (lutti, malattie gravi, perdita del lavoro ecc.). L'adolescenza è da sempre considerata un'età caratterizzata da **problemi di identità**. Molti psicologi hanno messo in evidenza gli aspetti critici di questo periodo e i problemi nelle relazioni con i genitori e con la società. Erickson ha approfondito lo studio degli adolescenti in crisi. Egli sostiene che ogni fase di passaggio è segnata da una crisi (crisi evolutiva). Quella adolescenziale è legata alla ricerca della propria identità, alla necessità di fare scelte fondamentali, al conflitto tra la ricerca dell'autonomia dalla famiglia e il desiderio di esplorare il più possibile la realtà, prolungando di fatto l'adolescenza. Ricerche successive al fondamentale testo di Erickson (*Gioventù e crisi di identità*, 1968) hanno confermato il rapporto tra crisi adolescenziale e ricerca della propria identità. Studi antropologici hanno però evidenziato che la crisi è tipica dei giovani occidentali, mentre in altre culture i giovani non mostrano particolari problemi. L'operazione di darsi un'identità è un processo complesso. Occorre mettere insieme tutto quello che riguarda la conoscenza di sé e fare scelte personali, sessuali, di studio e lavoro che siano coerenti, sia con la realtà esterna (coerenza esterna) sia con i vari aspetti di se stesso (coerenza trasversale) sia nel tempo (coerenza longitudinale). Studi della psicologia dei cicli di vita hanno in parte ridimensionato il mito della crisi adolescenziale, definita prima da alcuni addirittura una "malattia fisiologica dello sviluppo". Molti giovani vivono in realtà l'adolescenza non come un brutto periodo, ma come una età relativamente serena, in sintonia con il resto della propria vita. È probabile che la crisi adolescenziale, ove si manifesti con segni eclatanti, è indice di difficoltà relazionali e personali già presenti nell'infanzia.

Parte terza

PSICOLOGIA DELL'EDUCAZIONE

12 IL RAPPORTO TRA PENSIERO, AZIONE E LINGUAGGIO

IN SINTESI: IL RAPPORTO TRA PENSIERO, AZIONE E LINGUAGGIO
Pensiero, azione, linguaggio sono fortemente interconnessi. Esistono teorie diverse per spiegare il rapporto tra questi processi psicologici. I bambini difficilmente controllano il comportamento quando pensano, mentre negli adulti l'autocontrollo è maggiore e l'azione che segue il pensiero prende la forma della decisione che può essere espressa e comunicata tramite il linguaggio.

Pensiero: attività mentale che comprende moltissimi fenomeni: il ragionare, il riflettere, l'immaginare, il fantasticare, il prestare attenzione ecc. Il pensiero permette di entrare in comunicazione con il mondo esterno e permette di costruire ipotesi sul mondo e sul modo di pensarlo.
Azione: movimento intenzionale che ha come fine un intervento sull'ambiente.
Linguaggio: l'insieme di codici che consentono di trasmettere, conservare ed elaborare informazioni tramite segni.

12.1 Pensiero, azione, linguaggio

I termini pensiero, azione e linguaggio comprendono fenomeni molto ampi che possono anche essere significativamente distanti l'uno dall'altro.

Negli anni Venti la **scuola comportamentista**, in particolare lo psicologo statunitense **John B. Watson** (1897-1958), ha postulato il pensiero come azione. Secondo questi psicologi il pensiero non è altro che un comportamento motorio, un discorso silenzioso. Quando si pensa alla soluzione di un problema si parla silenziosamente con se stessi, muovendo gli stessi muscoli utilizzati quando si parla ad alta voce. Quando si programma un'azione si compiono piccoli movimenti degli arti utilizzati per eseguire quel comportamento.

Questo rapporto è particolarmente evidente nei bambini; specialmente per quelli molto piccoli pensiero e azione sono strettamente intrecciati, al punto che nei primi anni di vita si riesce con difficoltà ad attuare comportamenti motori mentre si sta pensando. Solo crescendo i bambini diventano capaci di controllarsi, separando pensiero e comportamento. I comportamentisti consideravano dunque il **linguaggio** come una **forma di comportamento** e da questo avevano postulato che il **pensiero** fosse **linguaggio interiorizzato**, da considerare a tutti gli effetti come un comportamento. La teoria comportamentista, secondo cui il pensiero è linguaggio, ovvero una forma di azione, è attualmente molto criticata in psicologia.

È stato notato che è possibile risolvere un problema anche quando i muscoli fonatori sono occupati in una attività non correlata, come il fischiettare, o addirittura se sono paralizzati. Il pensiero non sembra correlato necessariamente al linguaggio silenzioso e alla motricità. Caso mai è vero il contrario, in soggetti con ridotto autocontrollo (bambini) il pensiero può "straripare" nel comportamento motorio.

LA DECISIONE

Diversi studi e ricerche hanno indagato un altro tipo di rapporto tra pensiero e azione, il momento della decisione, ovvero quando un pensiero si trasforma in azione.

Cosa porta a prendere una decisione? Quali sono i meccanismi psicologici collegati alla scelta? I **processi di decisione** (*decision making*) non sono facili da individuare. Molti fattori incidono sulla decisione. Di sicuro, nella presa di una decisione e quindi nella trasformazione di un pensiero in un'azione, conta molto il giudizio. Esistono in questo caso due tipi di giudizio, i **giudizi di probabilità**, che cercano di stabilire quante probabilità di successo hanno le azioni che si intendono intraprendere, e i **giudizi di valore**, che rappresentano i criteri individuali di successo/insuccesso. In teoria occorrerebbe stabilire la propria decisione su dati oggettivi. In realtà, nella vita comune si prendono decisioni quasi sempre sulla base di opinioni personali più o meno esatte, impressioni, informazioni talvolta incomplete, stereotipi, o pregiudizi.

Oltre che dalla scuola comportamentista i rapporti tra pensiero e linguaggio sono stati indagati da molti studiosi che ne hanno dato differenti spiegazioni. In sintesi, esistono cinque ipotesi, ognuna con prove a proprio favore.

- **Ipotesi 1: il pensiero è linguaggio.** È l'ipotesi già descritta dei **comportamentisti**, che considerano il pensiero come un comportamento verbale interiorizzato o appena accennato (ad esempio movimenti faringei senza emissioni vocali).
- **Ipotesi 2: il pensiero dipende dal linguaggio.** È la tesi detta del **determinismo linguistico**, proposta dal linguista statunitense Beniamjn L. Whorf (1896-1934). Secondo l'autore, il linguaggio determina il modo di percepire il pensiero e il comportamento. Altri autori, in modo meno drastico, ritengono che il linguaggio orienti il pensiero permettendogli di raggiungere l'astrazione.
- **Ipotesi 3: il linguaggio dipende dal pensiero.** È la tesi di **Jean Piaget** (1896-1980) – si veda § 10.1 –, secondo cui il linguaggio riflette e non determina lo sviluppo cognitivo. Per lo psicologo svizzero il linguaggio è un sottosistema della capacità simbolica, ossia una funzione cognitiva. Linguaggio e pensiero sono quindi interdipendenti e dipendono entrambi dall'intelligenza (che si sviluppa prima). Piaget ribadisce il primato dell'attività cognitiva su quella linguistica.
- **Ipotesi 4: linguaggio e pensiero sono indipendenti all'origine, ma si integrano influenzandosi reciprocamente.** Questa concezione è stata sviluppata dalla **scuola russa** di Lev S. Vygotskij (1896-1934) e Aleksandr R. Lurija (1902-1977). Sia il linguaggio che il pensiero possono essere utilizzati in modo pressoché indipendente (pensare senza parlare, ma anche parlare senza pensare, o per lo meno pensando poco). Rispetto all'azione, Vygotskij ritiene che in un primo momento il linguaggio accompagni l'azione e progressivamente arrivi a precederla, permettendone una pianificazione.

  La scuola russa sostiene, infatti, che il linguaggio è linguaggio sociale, e come tale influenza il pensiero svolgendo una funzione regolatrice. Solo successivamente, interiorizzato, il linguaggio diventa individuale (in questo modo il sociale diventa individuale).
- **Ipotesi 5: il linguaggio è un processo cognitivo ma tra linguaggio e pensiero non c'è una reciproca dipendenza.** Questo punto di vista, sviluppato dallo psicologo americano **Jerome Bruner** (1915), parte da una concezione che considera il linguaggio come qualcosa di più di una semplice espressione fonica. Se si considera il significato del linguaggio, non si vede come possa essere separato dal pensiero: il linguaggio non è altro che un pensiero oggettivato verbalmente. Il pensiero si oggettiva in sistemi rappresentativi tra i quali il linguaggio. Per Bruner non c'è un problema di rapporti tra pensiero e linguaggio, egli li considera due processi distinti. C'è un'evoluzione dell'attività cognitiva che si oggettiva con modi diversi e con intrecci complessi, per cui il linguaggio rende possibile il pensiero e il pensiero a sua volta potenzia il linguaggio.

13 IL PENSIERO PRODUTTIVO E LA CREATIVITÀ

IN SINTESI: IL PENSIERO PRODUTTIVO E LA CREATIVITÀ

Esistono diversi tipi di pensiero, spesso associati per contrapposizione. Il pensiero produttivo, teorizzato dagli psicologi della Gestalt, si contrappone al pensiero riproduttivo o meccanico. Il primo si basa su un'intuizione totalmente nuova per la soluzione di un problema, il secondo si basa sull'utilizzo di regole o modalità già possedute. In alcuni casi con il pensiero produttivo nascono attività genuinamente creative.

Pensiero riproduttivo: pensiero che porta alla soluzione di problemi grazie all'applicazione di regole o fatti acquisiti con un apprendimento passivo.

Pensiero produttivo: pensiero caratterizzato da un approccio originale e non ortodosso ai problemi che permette una ristrutturazione dei fattori percettivi o cognitivi e la produzione di una soluzione innovativa.

Creatività: attività caratterizzata dalla originalità e dalla innovazione basata sulla capacità di riconoscere, tra pensiero e oggetti, nuove connessioni che portano al cambiamento.

Insight: intuizione totalmente nuova utile per la soluzione di un problema.

13.1 Il pensiero produttivo e riproduttivo

Esistono forme diverse di pensiero, spesso classificate in dicotomie. Si distinguono, ad esempio, il pensiero intuitivo e quello logico, il pensiero realistico e quello magico, il pensiero introverso e quello estroverso ecc. Ogni problema si risolve partendo da un punto e progredendo fino alla meta attraverso tre fasi:

- **comprendere e interpretare il problema**, ovvero analizzare le informazioni possedute e quelle necessarie;
- **ideare un piano**, in altre parole utilizzare un tipo di pensiero adatto a risolvere il problema. Tipi di pensiero diversi (ed esempio strategie per tentativi ed errori o per *insight*) possono raggiungere comunque lo stesso obbiettivo, ma in tempi diversi, ovvero con gradi differenti di efficacia;
- **portare a termine** il piano, verificando il percorso con uno sguardo retrospettivo, in modo da cogliere la logica della strategia usata e verificare se la soluzione è esatta.

Per la seconda fase, cioè l'ideazione di un piano, si possono usare due tipi di pensiero, quello produttivo e quello riproduttivo. Nel **pensiero riproduttivo** il problema viene risolto applicando al problema una regola o conoscenze o fatti acquisiti nelle esperienze precedenti. In questo caso la soluzione compare gradualmente e non è accompagnata da alcuna sorpresa. Nel **pensiero produttivo** si cerca un approccio originale e non ortodosso, applicando metodi nuovi e strategie innovative. In tal caso le soluzioni si presentano all'improvviso, con un *insight*, ovvero con un'intuizione totalmente nuova.

Gli psicologi della Gestalt hanno approfondito i meccanismi psicologici legati al pensiero produttivo e all'*insight*, stabilendo che il pensiero produttivo è un processo dinamico connesso a variabili emotive, ad esempio la tensione dovuta al problema, la sua attenuazione con la soluzione del compito.

Nello studio è preferibile il metodo riproduttivo o quello produttivo?

L'approccio **riproduttivo** nello studio scolastico è quello che insegna allo studente una serie di **regole meccaniche** alle quali attenersi per la soluzione del compito. Si tratta di una modalità rassicurante ma statica: uno studente può imparare meccanicamente una serie di regole (ad esempio come calcolare l'area di un parallelogramma) e, pur trovando sempre la soluzione, non comprendere mai perché ottiene il risultato. L'approccio **produttivo**, viceversa, cerca di stimolare una **nuova comprensione**, una vera e propria ristrutturazione percettiva e ottenere così che lo studente capisca il perché di certe regole. Nel caso del calcolo dell'area del parallelepipedo, occorre comprendere che trasportando una sezione triangolare da un punto all'altro si trasforma la figura geometrica in un rettangolo.

Il grosso vantaggio del metodo produttivo è la possibilità di trasferire l'acquisizione raggiunta a nuovi problemi. Alcune ricerche hanno dimostrato che gli studenti che imparano "a memoria" incontrano maggiori difficoltà quando devono compiere questi trasferimenti. Tuttavia è anche vero che il possesso di concetti di base è la condizione essenziale per il pensiero produttivo.

Secondo gli psicologi della Gestalt le caratteristiche essenziali delle soluzioni produttive sono: non essere ancorati alle abitudini, non limitarsi a ripetere pedissequamente ciò che viene insegnato, non procedere con un modo di pensare meccanico ma con un atteggiamento analitico, osservare la situazione a mente aperta, con una visione complessiva, cercare di capire o scoprire in quale modo il problema e la situazione siano in relazione tra loro, cercare di comprendere la relazione tra forma e compito assegnato e cogliere i caratteri di struttura essenziali.

13.2 La creatività

Come si è detto, il pensiero produttivo consiste soprattutto in un'attività di ristrutturazione dei rapporti tra gli oggetti presenti nel campo percettivo. In alcuni casi, meno frequenti, le persone risolvono i problemi in modi insoliti e ciononostante del tutto appropriati. Si parla in questo caso di **pensiero creativo**.

Le persone creative non utilizzano processi di pensiero molto diversi da quelli delle persone non creative ma è diverso lo spazio assegnato alle singole fasi che portano alla soluzione del problema. Nel pensiero creativo applicato alla soluzione dei problemi si rilevano quattro fasi:

- la **preparazione**, ovvero la raccolta di informazioni;
- l'**incubazione**, fase in cui il problema viene accantonato, pur continuando la mente a rimuginare su una possibile soluzione;
- l'**illuminazione**, il momento in cui, come per magia, compare l'insight, la soluzione;
- la **verifica**, dove si stabilisce se la soluzione è realmente efficace.

Si noterà che non esiste una grande differenza con le fasi descritte per una normale soluzione di un problema. La differenza evidente, come già accennato, è nel diverso ruolo che la mente del creativo assegna alla fase dell'incubazione. Non è chiaro perché l'incubazione sia così importante. È possibile che lo spazio dedicato a questa fase consenta di allontanare il livello di tensione tipico della fase preparatoria, consentendo un rapporto più sereno, spesso giocoso, con il problema. Ciò permetterebbe l'emergere di idee originali o addirittura bizzarre che, associate a ottime capacità intellettive, darebbero origine a idee nuove particolarmente innovative.

14 L'UOMO ELABORATORE ATTIVO DELL'INFORMAZIONE

IN SINTESI: L'UOMO ELABORATORE ATTIVO DELL'INFORMAZIONE

La volontà di basarsi su dati esclusivamente sperimentali ha impedito lo studio scientifico della mente per molti anni (atteggiamento antimentalista). Solo alla fine degli anni cinquanta, grazie ai contributi di altre discipline (teoria dell'informazione, cibernetica, studi sull'intelligenza artificiale) la psicologia cognitiva ha posto le basi per la comprensione dei processi cognitivi della mente. Il modello che ne è risultato è quello di un uomo che elabora attivamente, attraverso i propri strumenti psicologici, gli stimoli e le informazioni che riceve dall'ambiente.

Comportamentismo: corrente della psicologia basata sull'assunto che solo il comportamento, in quanto fenomeno misurabile, può essere studiato. Per il comportamentismo la psicologia deve studiare solo i comportamenti.

Informazione: dato o insieme di dati provenienti dall'ambiente (input) che la mente tratta con procedimenti attivi.

Psicologia cognitiva: corrente della psicologia, chiamata anche **cognitivismo**, che si oppone al comportamentismo perché studia la mente e la concepisce non come recettore passivo delle informazioni, ma come elaboratore attivo.

14.1 L'uomo elaboratore di informazioni

Lo studio del modo in cui la mente conquista la conoscenza potrebbe sembrare, intuitivamente, uno dei filoni più importanti della psicologia. In realtà per molto tempo la psicologia sperimentale, dominata dal comportamentismo, ha avuto un atteggiamento antimentalista. Secondo i comportamentisti si potevano studiare solo i comportamenti in rapporto agli stimoli che li avevano determinati, secondo lo schema:

S => R

dove S sta per stimolo e R sta per risposta comportamentale. La mente veniva considerata una sorta di scatola nera, per definizione non esplorabile. Gradatamente, grazie a quella che è stata chiamata la "svolta cognitiva" si è passati, alla fine degli anni Cinquanta, a un nuovo schema:

S => O => R

dove O sta per organismo.

La scelta di studiare i processi mentali in quanto tali è stata favorita da una serie di nuove teorie e scienze nate e sviluppatesi in settori vicini alla psicologia: la teoria dell'informazione, la cibernetica, lo studio dell'intelligenza artificiale. La **teoria dell'informazione** è una disciplina che analizza da un punto di vista matematico le comunicazioni in genere, indipendentemente dai messaggi trasmessi, dai segnali e dai mezzi adoperati. Questa teoria, nata per le esigenze proprie dei nuovi mezzi di informazione (telefono, radio, televisione ecc.), ha fornito un modello valido per qualunque tipo di comunicazione utilizzabile in psicologia. La **cibernetica** studia in termini matematici i sistemi che si autoregolamentano per raggiungere determinati scopi. Nata per fornire una base allo sviluppo di nuovi strumenti, la cibernetica ha trovato applicazione in altri settori e scienze. La psicologia ha mutuato dalla cibernetica concetti come quelli di scopo, azione, feedback e autoregolamentazione, molto utili per comprendere il funzionamento della mente. Lo **studio dell'intelligenza artificiale** è partito dal progetto di realizzare una nuova generazione di macchine in grado di arrivare a pensare in modo intelligente. I modelli sviluppati in questi settori hanno spinto la psicologia a porre al centro delle proprie ricerche il funzionamento della mente. Nacque la psicologia cognitivista e si sviluppò l'idea dell'essere umano come elaboratore attivo di informazioni. Negli anni

Settanta la pubblicazione del manuale *Human information processing* di **Peter H. Lindsey** e **Donald A. Norman** ha sancito la nascita dell'approccio chiamato H.I.P. (*Human Information Processing*).

I principi di base della psicologia cognitivista sono i seguenti:

- **la mente è uno dei campi di studio della psicologia**. Questo vuol dire che la mente può essere studiata con mezzi empirici;
- **la mente è un sistema operativo astratto**. La mente non va confusa con il cervello, che funziona sulla base di meccanismi anatomo-fisiologici, ma attraverso rappresentazioni, piani, ordini. Il rapporto tra cervello e mente può essere paragonato a quello esistente, in un computer, tra componenti fisiche (*hardware*) e programmi (*software*);
- **la mente è organizzazione**. Le informazioni ricevute vengono trattate dalla mente e organizzate in sistemi, reti strutture, mappe, schemi che consentono l'organizzazione dei dati;
- **la mente interagisce in modo dinamico con l'ambiente**. La mente non è qualcosa di fisso, ma un'unità dinamica, plastica, che si modifica continuamente nel rapporto con l'ambiente. L'individuo non risponde agli stimoli sempre allo stesso modo, con schemi ripetitivi, ma costruisce di volta in volta la risposta più adatta alla situazione (costruttivismo);
- la mente è un elaboratore di informazioni. Una delle funzioni centrali della mente è il trattamento dei dati. Percezione, memoria, riconoscimento, ragionamento ecc. non sono altri che fenomeni diversi del trattamento delle informazioni (si veda lo schema seguente).

Di seguito si riporta un grafico che mostra il modello cognitivista della mente.

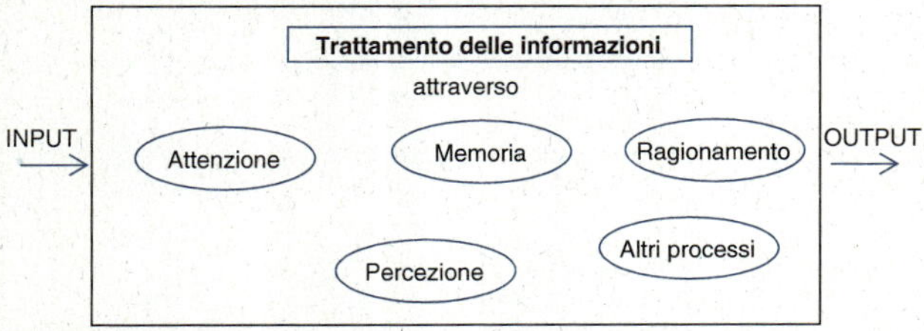

Per capire come funziona la mente occorre seguire il cammino delle informazioni, le diverse tappe dei processi cognitivi nel corso del trattamento delle informazioni.

Il comportamento è guidato dalla mente. La mente è fondamentale per l'adattamento e l'auto controllo.

La mente è inserita nella realtà. Esiste un rapporto dinamico costante tra mente e ambiente, la mente interviene sulla realtà, ma a sua volta ne è influenzata

15 LE SCUOLE E GLI AUTORI

IN SINTESI: SCUOLE E AUTORI
H.I.P.: L'uomo elaboratore attivo di informazioni.
Approccio Gestaltista: insight e soluzione dei problemi.
Indirizzo tassonomico: classificazione delle capacità.

15.1 Human Information Processing (H.I.P.)

La teoria H.I.P. nasce agli inizi degli anni Settanta nell'ambito della psicologia cognitivista. La Human Information Processing è una teoria psicologica che considera l'uomo come un elaboratore di informazioni e utilizza il computer come modello di funzionamento della mente umana.

Per elaborare l'informazione il sistema umano, secondo la teoria H.I.P., compie un passaggio alla volta, con fasi seriali, non in parallelo. Ogni singola fase richiede pochi millisecondi. L'elaborazione si basa sul confronto tra informazioni possedute e informazioni nuove.

La realtà fenomenologica fornisce una serie di stimoli (**input**) sotto forma di energia riconoscibile e trasformabile dal sistema percettivo. I rilevatori dello stimolo non sono altro che cellule nervose. Tutte le informazioni in entrata (input) vengono conservate, come quelle in uscita (**output**), in una piccola memoria a breve termine che immagazzina poche informazioni, ma molto velocemente. Le cellule che rilevano lo stimolo si attivano ed estraggono informazioni dalla **memoria di lavoro** per confrontarle con la **memoria a lungo termine** e consentire il riconoscimento. La memoria a lungo termine contiene un numero infinito di dati velocemente rievocabili immagazzinati, a differenza della memoria breve, con un processo piuttosto lento.

La modalità descritta (processo seriale, memoria a breve termine, memoria a lungo termine che rievoca velocemente ma immagazzina lentamente) implica che la mente è molto flessibile e agile a risolvere problemi di piccola e media dimensione, mentre trova difficoltà nelle questioni più complesse.

Tra le opere principali: Lindsey H. e Norman D.A. *L'uomo elaboratore di informazioni* (1972).

15.2 La teoria gestaltista

Gli psicologi della Gestalt hanno dedicato una grande attenzione allo studio del funzionamento della mente per la soluzione dei problemi con metodi nuovi, al di fuori degli schemi di comportamento già acquisiti.

Il primo degli autori che si interessò a questa indagine, partendo da alcune osservazioni su scimmie antropoidi (scimpanzé) e su altri animali, fu **Wolfgang Kohler** (1887-1967).

Un primo esperimento riproposto a scimmie, cani e galline mostrava a un animale affamato del cibo fuori dal recinto dove si trovava. L'animale, per raggiungerlo, doveva momentaneamente allontanarsi dal contatto visivo con il cibo per poterlo raggiungere.

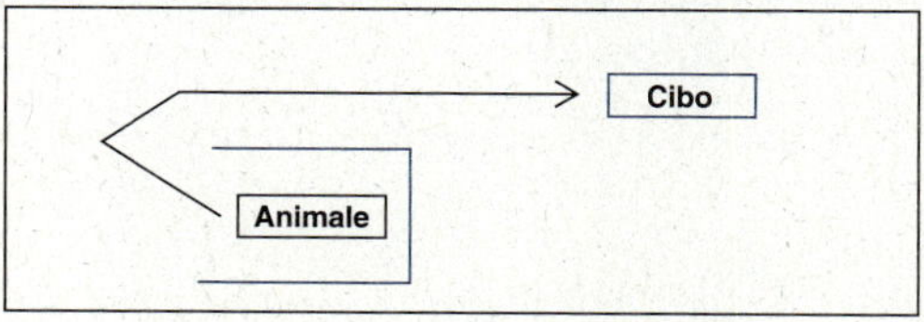

Secondo Kohler questo comportamento, possibile alla scimmia e al cane ma non alla gallina, richiede una "ristrutturazione del campo cognitivo". Uno schema già appreso porterebbe l'animale a dirigersi direttamente verso il cibo, mentre la soluzione richiede un modo nuovo e intuitivo di vedere le cose. Il processo mentale di ristrutturazione cognitiva fu chiamato da Kohler *insight* (una traduzione possibile in italiano è intuizione, ma il termine inglese è ormai comunemente accettato).

Karl Durker approfondisce lo studio del processo di soluzione dei problemi in un'ottica gestaltica. Egli considera ogni problema come una situazione conflittuale, un confronto tra le informazioni possedute e il compito da risolvere. Il problema si pone perché le informazioni non sono sufficienti a raggiungere la soluzione. Solo un processo graduale di riorganizzazione delle informazioni porta alla soluzione. Questo vuol dire avere la capacità, ad esempio, di vedere un oggetto con una funzione diversa da quella iniziale, e quindi utilizzarlo in modo diverso per giungere alla soluzione della questione. Durker elabora il concetto di **fissità funzionale**: se non si riesce a rivedere la propria percezione degli elementi disponibili, se si utilizza in modo statico quello che l'ambiente ci offre, senza modificare la percezione che si ha di un oggetto e dunque il suo utilizzo, non si riusciranno a risolvere i problemi. Questa è la fissità funzionale, una caratteristica individuale da collegare alla maggiore o minore creatività di ognuno. Gli studi e le ricerche di Durker e di Kohler portarono un terzo psicologo della Gestalt, Max Wertheimer (1880-1943), a elaborare il concetto di pensiero produttivo, descritto nei paragrafi precedenti, in forma definitiva e completa.

Tra le opere principali: Kohler W. *L'intelligenza delle scimmie antropomorfe* (1925); Duncker K. *La psicologia del pensiero produttivo* (1945); Wertheimer M. *Il pensiero produttivo* (1945).

15.3 L'indirizzo tassonomico

La necessità di definire gli obbiettivi del processo educativo ha portato la psicologia scolastica a elaborare dei modelli, chiamati **tassonomie**, da utilizzare per la definizione dei settori da sviluppare nell'area cognitiva. Si tratta di griglie, molto diffuse negli anni Settanta, per la classificazione delle capacità generali. Originariamente il ruolo di tali griglie era di orientamento per l'insegnante. Spesso tuttavia (questa è la critica principale avanzata negli anni), le tassonomie sono state trasformate in dogmi, criteri assoluti da seguire per la programmazione dell'attività scolastica e la verifica degli obbiettivi raggiunti.

Qui si riportano le due principali tassonomie esistenti utilizzate in psicologia scolastica, quella di **Benjamin S. Bloom** e quella di **Robert M. Gagné**. La classificazione di Bloom risale al 1956 e ha avuto un'ampia diffusione. Si articola in sei livelli disposti in ordine gerarchico, ogni livello è presupposto dal precedente e fa da base al successivo. Lo scopo di questa tassonomia è quello di fornire criteri per la verifica del risultato scolastico. Lo stesso autore considerava un errore partire da essa per la programmazione scolastica.

I sei livelli sono i seguenti:

- **conoscenza**: la capacità di ricordare elementi specifici o generali, relativi a contenuti, metodi, approcci, modelli, riferimenti spaziali o temporali;
- **comprensione**: la capacità minima di utilizzare ciò che si conosce, senza approfondire il significato (ad esempio, abilità di traduzione o di estrapolazione);
- **applicazione**: capacità di utilizzare gli elementi astratti acquisiti in situazioni concrete;
- **analisi**: capacità di identificare gli elementi e le relazioni interne a un sistema;
- **sintesi**: capacità di dare una organizzazione a una serie di elementi, fornendo un modello di aggregazione;
- **valutazione**: capacità di produrre giudizi circostanziati sul piano qualitativo e quantitativo.

La gerarchia di Gagné parte dalla necessità di rapportare la scelta degli obiettivi a una ipotesi concreta di aggregazione dei diversi tipi di apprendimento. La tipologia non è di tipo qualitativo ma strumentale (mette in luce le condizioni specifiche che consentono il realizzarsi di ciascun apprendimento). Il modello è gerarchico, ogni livello è il prerequisito del successivo.

In tutto ci sono otto livelli:

- **apprendimento di segnali**: reazioni emotive e automatiche, senza consapevolezza né autocontrollo ai segnali (esempio: semaforo rosso);
- **apprendimento di connessioni stimolo-risposta**: apprendimento di risposte specifiche e volontarie a certi simboli (ad esempio pronunciare correttamente una parola straniera in presenza di un modello);
- **concatenazioni**: apprendimento di sequenze di più connessioni stimolo-risposta (ad esempio imparare a usare un apparecchio a gettoni);
- **associazione verbale**: si arrendono catene che sono di tipo verbale (ad esempio imparate a tradurre in una lingua diversa);
- **apprendimento di discriminazioni**: si apprende a dare risposte differenti a stimoli apparentemente omogenei (ad esempio riconoscere tipi diversi di automobili);
- **apprendimento di concetti**: è l'operazione inversa alla precedente, permette di dare una risposta comune a stimoli apparentemente diversi (ad esempio riunire in una unica classe logica oggetti differenti ma simili per una caratteristica come il colore o il peso);
- **apprendimento di regole**: si realizzano catene di concetti stabilendo dei principi (ad esempio norme per la guida);
- **problem solving**: si arriva a combinare una serie di regole e si risolvono problemi di tipo nuovo.

Opere principali: Bloom ed al., *Handbook on formative and summative evaluation of student learning* (1971); Gagné, *Le condizioni dell'apprendimento* (1973).

16 TEMI DI APPROFONDIMENTO

16.1 L'apprendimento della lettura

Anche se il linguaggio orale precede quello scritto, esistono tra le due forme di espressione molti correlati. Di solito l'apprendimento della lettura/scrittura vero e proprio inizia intorno ai sei anni, tuttavia già dai due-tre anni e fino ai sei il piccolo viene in contatto con molte informazioni ed esperienze legate a testi scritti (fattore culturale). Si sviluppano poi, in quel periodo, molte capacità che costituiscono i così detti **prerequisiti della scrittura**: abilità percettive e motorie (capacità di discriminazione e coordinamento oculo-manuale), capacità cognitive, spinte motivazionali, maturazione della personalità, caratteristiche che globalmente possono essere chiamate sviluppo cognitivo. Uno dei prerequisiti è poi la consapevolezza metalinguistica, l'atteggiamento cognitivo di riflessione nei confronti del linguaggio e del suo uso. Nella consapevolezza metalinguistica rientrano:

- la **consapevolezza fonologica**, ovvero la capacità di identificare le componenti fonologiche di una lingua e la capacità di saperla manipolare intenzionalmente. Diverse ricerche hanno evidenziato che i bambini capaci di riconoscere e utilizzare fonemi e sillabe hanno maggiori capacità nella lettura;
- la **consapevolezza sintattica**, ovvero la capacità di riflettere sulle regole della sintassi e il controllo intenzionale dell'applicazione delle regole grammaticali. Questo non coincide con la capacità di pronunciare frasi corrette;
- la **consapevolezza lessicale**, capacità di comprendere che la parola è una unità costitutiva del linguaggio, che la sua forma sonora dipende dalla convenzionalità del codice linguistico. Questo vuol dire la capacità di distinguere tra significato e significante;
- la **consapevolezza pragmatica**, la conoscenza delle regole che guidano e prescrivono determinati usi del linguaggio in relazione ai contesti in cui si utilizza. Un esempio è quello di utilizzare un linguaggio semplice con bambini più piccoli, articolato con gli adulti.

Il possesso o meno dei prerequisiti descritti facilita o ostacola il leggere e lo scrivere. Per quanto riguarda **la lettura**, la prima fase è quella di riconoscere le parole. Vi sono due metodi di insegnamento: quello **fonologico**, basato sul riconoscimento delle singole lettere, poi delle sillabe e infine delle parole, e quello **globale**, che si basa sul riconoscimento di pattern visivi direttamente associati al significato. Entrambi i metodi hanno vantaggi e svantaggi. In realtà, soprattutto nelle prime fasi dell'apprendimento, della lettura, si tende oggi a usare un sistema misto.

Anche per quanto riguarda **la scrittura** si hanno due metodi, quello **fonologico** e quello **visivo**, simili a quelli che riguardano la lettura. Utilizzando l'uno o l'altro metodo si avranno risultati diversi nelle prime fasi di apprendimento della scrittura: i bambini "globali" scrivono peggio le parole presentate con uno stimolo uditivo rispetto a quelle presentate con uno stimolo visivo, ma in compenso sembrano capaci di scrivere meglio le parole irregolari.

Una ultima osservazione riguarda la disgrafia (disturbo della capacità nel gesto scritto e nello scrivere): anche in questa area si distingue tra disgrafia fonologica e disgrafia globale.

16.2 Pensiero divergente e convergente

Convergenza e divergenza sono due proprietà complementari dello psichismo umano. La prima conduce l'individuo a ragionamenti dal generale al particolare, la seconda la porta invece dal particolare al generale e a nuovi punti di vista. Il pensiero convergente, quando si trova di fronte a un problema, tende a ridurre il ventaglio delle risposte possibili a una sola. La personalità divergente, al contrario, messa nella stessa situazione, tende a ricercare il massimo delle riposte possibili. I due concetti o modelli non sono contrapposti, bensì complementari. Il pensiero creativo, comunque, è di tipo divergente, perché si sviluppa attraverso la ricerca di alternative e viene viceversa frenato quando l'individuo fa riferimento solo a poche informazioni già possedute. Numerosi autori nel campo della psicologia educativa hanno messo in evidenza come la scuola tenda a privilegiare il pensiero convergente piuttosto che quello divergente. Si formano gli studenti orientandoli verso la nozione (dato certo e già noto) piuttosto che verso la ricerca di nuove soluzioni (atto creativo). Con ogni probabilità alunni e studenti "divergenti" corrono il serio rischio di diventare "cattivi studenti".

Ma la creatività, ovvero il pensiero divergente, può essere insegnata? Può trovare spazio nel sistema scolastico? Diversi autori si sono posti questo interrogativo. Piaget ha considerato il pensiero convergente e quello divergente come due strategie per affrontare e comprendere il mondo. Il pensiero convergente considera un elemento sconosciuto del mondo in funzione di quadri di pensiero esistenti. In altre parole, riduce il complesso in forme più semplici. Il pensiero divergente circoscrive l'elemento sconosciuto costruendo dei nuovi modelli di pensiero. In questo caso viene costruita una nuova complessità utile per comprendere l'elemento sconosciuto. Piaget sostiene che non vi è incompatibilità tra queste due direttive di marcia della mente. Entrambe sono utili, sia il modello riduzionista sia quello costruttivista. Infatti, da un modello si passa all'altro e i due modelli si combinano perché da un lato l'assimilazione di informazioni nuove in chiave riduzionista prima o poi determina la necessità di nuove costruzioni, dall'altro lato i nuovi modelli si costruiscono sulla base delle informazioni acquisite e possedute. Anche il pensiero creativo deve avere dunque un punto di partenza su cui poggiarsi.

16.3 L'orientamento scolastico e preprofessionale, l'auto orientamento

Orientare significa, in senso stretto, indicare la direzione da prendere per arrivare alla meta del viaggio. L'orientamento scolastico e preprofessionale consistono nell'indicare a un adolescente gli studi o la professione che, in base ai suoi gusti, alle sue capacità, e alla situazione di mercato, sono più adatte a lui.

Orientare è dunque una attività complessa in cui la prognosi, ovvero la capacità di prevedere, è molto più importante della diagnosi. L'operatore che orienta (di solito uno psicologo, o comunque un tecnico con solide conoscenze e capacità psicologiche) deve essere in grado, con ragionevole capacità di successo, di prevedere la riuscita di una carriera dopo una formazione professionale. L'orientamento, in realtà, dovrebbe costituire non una attività basata su una singola consulenza, ma un percorso che muove i suoi primi passi sin da quando il soggetto è bambino, accompagnandolo durante l'intero percorso formativo, indicando progressivamente le aree di studio più adatte, confrontandole con i suoi gusti.

Il lavoro dell'orientatore si basa su due attività principali. Il primo compito è quello della **informazione**. L'orientatore fornisce informazioni di carattere generale sulle caratteristiche dei corsi di studio, di formazione, e sulle possibilità occupazionali.

L'altra attività è **l'orientamento** vero e proprio. Questo si basa tradizionalmente su due tipi di intervento: il colloquio e la somministrazione di test attitudinali. Il **colloquio di orientamento** ha il compito di sondare quelli che sono i gusti del soggetto, i suoi desideri, le fantasie che riguardano il suo futuro formativo e lavorativo. I **test attitudinali** hanno viceversa il compito di valutare le **reali capacità** e i settori in cui il giovane riuscirebbe meglio. I test attitudinali sono prove standardizzate che consentono di confrontare i risultati ottenuti dal singolo con quelli di un campione di riferimento. L'orientamento lo si ottiene dal confronto tra quello che la persona desidera con quello che realmente è in grado di fare, con i risultati che potenzialmente è in grado di raggiungere. Non sempre, infatti, quelli che sono i desideri o i sogni di un giovane coincidono realmente con le sue attitudini. L'orientamento può aiutare a prendere coscienza delle proprie possibilità e dei settori più adatti verso cui rivolgere le proprie energie. La presenza di uno specialista (orientatore) offre maggiori garanzie nella scelta rispetto all'auto-orientamento che tuttavia rimane la forma di orientamento predominante, vista la scarsità di servizi presenti in questo settore.

Parte quarta

PSICOLOGIA DEL LAVORO

17 LA SELEZIONE ATTITUDINALE

IN SINTESI: LA SELEZIONE ATTITUDINALE

La selezione attitudinale è un procedimento per individuare i soggetti più idonei a svolgere un determinato compito o lavoro. La selezione si effettua per mezzo di test, interviste, análisi del comportamento. Le sole capacità prestazionali non possono essere l'unico parametro della selezione, perché la riuscita del lavoro dipende anche da altri fattori.

Selezione attitudinale: scelta dei soggetti più idonei, per attitudini e capacità, a svolgere un dato compito.

Test: situazione-stimolo standardizzata che misura una o più caratteristiche psicologiche confrontando il risultato ottenuto con quello di un campione di riferimento

17.1 Attitudini e selezione

La selezione attitudinale è uno dei principali settori di intervento dello psicologo del lavoro, al punto da costituire, nell'immagine sociale, l'unica forma di intervento psicologico nel mondo del lavoro. Compito della selezione è quello di individuare fra i candidati a una determinata posizione lavorativa i soggetti più idonei a svolgere le funzioni. Le fasi alla base di una selezione sono quelle indicate nella figura seguente.

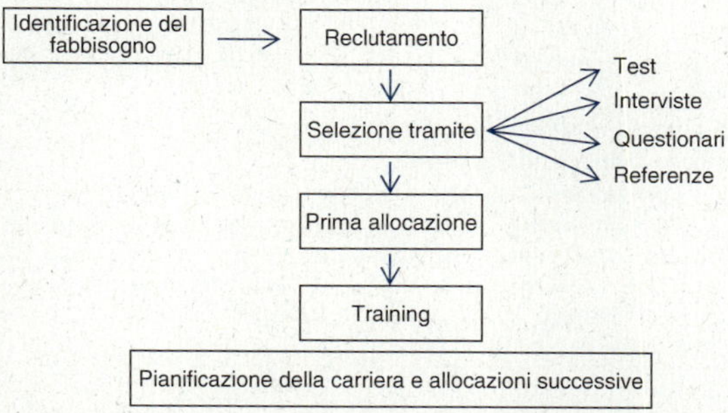

Come si vede dallo schema, la selezione pura e semplice è solo uno dei momenti dell'inserimento nell'organizzazione del lavoro. La selezione viene effettuata tramite diversi strumenti o tecniche.

I **test**, costruiti sulla base di criteri psicometrici, sono di diverso tipo: i test attitudinali e di efficienza misurano le attitudini legate a un certo compito e il grado di efficienza del soggetto; i test di personalità valutano le caratteristiche individuali più o meno adeguate a una certa mansione; i test di situazione pongono il soggetto in una situazione simile a quella che presumibilmente affronterà una volta assunto e valutano le capacità e le strategie adottate per la soluzione di un determinato compito.

L'**intervista** o **colloquio** (a seconda della maggiore o minore strutturazione, ovvero la presenza di domande che prevedono risposte definite o risposte aperte) è un altro strumento di selezione. L'efficacia dell'intervista dipende spesso dall'intervistatore e dalle sue capacità. Il rischio di un giudizio soggettivo è elevato.

Il **questionario** e i **moduli** permettono di raccogliere informazioni su dati biografici, esperienze lavorative precedenti, interessi ecc. Sebbene non siano strumenti che indagano su aspetti "nascosti" o "particolari" offrono comunque un contributo importante al selezionatore.

Anche le **referenze** costituiscono un utile strumento di selezione, in quanto consentono di essere informati circa i trascorsi professionali del soggetto in modo parzialmente più oggettivo.

Il compito della selezione è quello di predire con un certo margine di errore quale sarà il risultato che un dato individuo otterrà una volta inserito in un certo contesto lavorativo. È allora evidente che l'indagine limitata ai fattori attitudinali (capacità di esecuzione del compito assegnato) non rappresenta un fattore prognostico sufficiente. In ambito lavorativo possono essere importanti altre variabili come la motivazione, la capacità di collaborare e lavorare in gruppo, la creatività ecc. La capacità prestazionale rappresenta solo uno dei fattori che influenzano la resa lavorativa.

TAPPE ESSENZIALI NELLA STORIA DELLA PSICOLOGIA DEL LAVORO: L'ORGANIZZAZIONE SCIENTIFICA DEL LAVORO

I primi passi della psicologia del lavoro sono dovuti all'opera di uno psicologo tedesco, Hugo Munsterberg, che inventò la psico-tecnica, disciplina che doveva individuare le applicazioni della psicologia utili per il lavoro e altre attività sociali. Ma il primo grande contributo portato al mondo del lavoro dalla psicologia è dovuto a Frederick W. Taylor, teorizzatore, agli inizi del Novecento, della "organizzazione scientifica del lavoro". Taylor è un classico *self-made man* americano. Entra in fabbrica come manovale, passando poi a capo-squadra e capo-reparto, e, grazie a studi serali, diviene ingegnere e, in seguito, ingegnere-capo. In base a studi sui singoli comportamenti lavorativi, sul sovraffaticamento e le pause lavorative, sul rapporto tra attrezzature e struttura fisica degli operai, propone un metodo razionalmente articolato del ciclo lavorativo, chiamato "organizzazione scientifica del lavoro". I punti essenziali di tale modello sono:

- **scomposizione e ricomposizione del ciclo di lavoro seguendo criteri razionali** (*one best way*);
- **scelta dell'operaio addetto al lavoro** (*the right man to the right place*);
- **addestramento dell'operaio** (*training*);
- **retribuzione con tariffe differenziate a seconda dei risultati** (*differential rates*).

Gli studi di Taylor hanno dato un forte impulso alla organizzazione e gestione del lavoro umano. Con Taylor sono iniziate la selezione e l'addestramento oltre che l'incentivazione economica. Manca, al modello di Taylor, una visione globale del lavoratore e del gruppo di lavoro, in altre parole la dimensione psicologica e psicosociale che sarà approfondita da autori successivi.

18 LA MOTIVAZIONE

IN SINTESI: LA MOTIVAZIONE

A partire dal secondo dopoguerra gli psicologi del lavoro approfondiscono il ruolo della motivazione in ambito lavorativo. Considerare il compenso economico come unica fonte di soddisfazione appare riduttivo; hanno invece grossa importanza fattori come la promozione professionale, il riconoscimento ottenuto, il conseguimento di risultati, l'auto-realizzazione.

Motivazione al lavoro: viene misurata dall'impegno speso per ottenere una gratificazione intrinseca o estrinseca.

Fattori motivanti: sono i fattori che determinano un atteggiamento positivo verso il lavoro. Sono suddivisi in fattori intrinseci e fattori estrinseci.

18.1 Lavoro e motivazione

Numerosi studi, a partire dal secondo dopoguerra, hanno indagato sul ruolo della motivazione in ambito lavorativo. Le ricerche di Mayo sulle relazioni umane negli anni Trenta avevano già messo in evidenza quanto fosse importante il gruppo di lavoro. Numerosi autori, tra cui Chris Argyris, Douglas Mc Gregor, John Mc Clelland e Frederick Herzberg studiarono il ruolo della motivazione per la riuscita nel lavoro.

All'origine di queste ricerche vi è una contestazione della figura del lavoratore ridotto a mero esecutore di compiti predefiniti dall'alto (organizzazione del lavoro) e spinto solo dal salario. Attingendo alle diverse teorie psicologiche, dalla psicoanalisi alla Gestalt, dalla scala dei bisogni di Maslow all'approccio centrato sulla persona di Rogers, gli psicologi del lavoro cercano di approfondire gli aspetti umani e motivazionali legati al lavoro.

Argyris studia i processi di **crescita psicologica** e spiega come nelle organizzazioni lavorative molto spesso i naturali processi di sviluppo dell'individuo vengano contrastati. L'azienda, specie se di piccole dimensioni, spinge a un adattamento infantile dell'individuo. Gran parte delle energie del lavoratore vengono così utilizzate non per gli obiettivi dell'azienda, ma per difendere la propria identità e la propria autostima dagli attacchi subiti dall'azienda.

Anche Mc Gregor mette in evidenza che le organizzazioni di lavoro trattano i dipendenti come adolescenti, frustrandoli e rendendoli passivi. Il mondo del lavoro sembra partire da un modello negativo della natura umana: le persone sono pigre, passive, irresponsabili, votate al piacere.

Se un imprenditore ritiene i propri dipendenti poco responsabili e bisognosi di guida, quali saranno le conseguenze?

Chi ha la responsabilità di un'organizzazione lavorativa si trova spesso combattuto tra la necessità di alleviare il proprio carico di lavoro e il timore di delegare ad altri parte delle responsabilità. La spinta ad accentrare i compiti è molto forte, come risposta al conflitto e al sentimento di preoccupazione. Chi dirige è portato a considerare gli altri come poco responsabili e bisognosi di guida. La conseguenza di tale atteggiamento è quella di provocare e favorire proprio i comportamenti di passività, presa di distanza, irresponsabilità.

Nella teoria Mc Gregor mette in evidenza come il lavoro rientri tra le motivazioni umane. I punti essenziali della teoria sono i seguenti:

- l'impegno di sforzo fisico e mentale è un'attività naturale per l'uomo come il gioco o il riposo;
- il controllo e le punizioni non sono l'unico modo per ottenere risultati da un altro soggetto; l'individuo può dirigersi e controllarsi da solo;
- le ricompense impegnano le persone al raggiungimento dell'obiettivo;
- l'essere umano medio accetta e anzi cerca le responsabilità quando le condizioni glielo permettono;

- immaginazione, creatività e ingegnosità non sono caratteristiche di pochi ma caratteristiche distribuite nella popolazione;
- attualmente le aziende utilizzano in modo parziale il potenziale umano e intellettuale dell'uomo medio.

Anche Mc Clelland, partendo dalla teoria dei bisogni di Murray, pone in evidenza quanto sia importante per l'individuo il bisogno di autorealizzazione o *need for achievement*. La persona motivata all'autorealizzazione cerca di porsi una meta ambiziosa e affronta con uno spirito diverso le difficoltà relative: la riuscita ha valore intrinseco, e vale assai più del guadagno economico.

Herzberg indirizza le sue ricerche nell'ambito del lavoro industriale, partendo dal modello di Maslow (scala dei bisogni). Le sue ricerche, condotte a Pittsburg con tecnici e contabili, indagarono sui fattori di insoddisfazione e di soddisfazione. Herzberg concluse che esistono due fattori nella vita lavorativa: i fattori di mantenimento e i fattori motivanti. I **fattori di mantenimento**, se negativi possono essere molto frustranti, se positivi hanno un basso effetto motivante. Essi riguardano l'ambiente di lavoro e le relazioni che vi si instaurano. Viceversa, i **fattori motivanti**, suddivisi in estrinseci (non procurano soddisfazione mentre il lavoro viene svolto) e intrinseci (al contrario, danno soddisfazione nel momento in cui si lavora), riguardano il contenuto del lavoro. Nella tabella successiva sono riportati i fattori di Herzberg confrontati con la scala dei bisogni di Maslow.

<table>
<tr><th colspan="2">HERZBERG</th><th>MASLOW</th></tr>
<tr><td>Natura intrinseca del lavoro
Conseguimento risultati e crescita professionale
Responsabilità</td><td rowspan="2">Fattori motivanti</td><td>Bisogno di aiuto</td></tr>
<tr><td>Riconoscimenti ottenuti
Status professionale</td><td>Bisogno di autostima e di status sociale</td></tr>
<tr><td>Relazioni interpersonali
Competenze tecniche dei superiori</td><td rowspan="3">Fattori di mantenimento</td><td>Bisogno di appartenenza e di attività sociale</td></tr>
<tr><td>Politiche dell'azienda
Garanzie sul lavoro
Processi di lavorazione</td><td>Bisogno di sicurezza</td></tr>
<tr><td>Condizioni fisiche di lavoro
Retribuzione
Condizioni psicologiche di lavoro</td><td>Bisogni fisiologici</td></tr>
</table>

I fattori di mantenimento e quelli motivanti sono tra di loro collegati, perché ci sia l'uno occorre che ci sia anche l'altro. Negli studi della psicologia del lavoro il ruolo della motivazione personale ha assunto un significato sempre più forte, comunque collegato alla struttura organizzativa e ai processi psicologici del gruppo di lavoro.

19 L'AMBIENTE DI LAVORO

IN SINTESI: L'AMBIENTE DI LAVORO

Perché un'azienda sia produttiva non è sufficiente organizzare scientificamente il lavoro. Occorre che l'ambiente di lavoro sia soddisfacente, che i rapporti e lo spirito di gruppo siano stimolanti, che la direzione tenga presenti i bisogni e le aspettative di tutti senza essere orientata esclusivamente verso produzione. Gli psicologi del lavoro privilegiano attualmente un approccio ecologico o globale per affrontare le difficoltà e le organizzazioni delle aziende.

Ambiente di lavoro: l'insieme delle caratteristiche fisiche, delle condizioni psicologiche e delle relazioni interpersonali e di gruppo presenti in un ambito lavorativo.

Effetto Hawthorne: fenomeno per cui lavoratori chiamati a impegnarsi in una esperienza nuova e interessante lavorano di più.

Gruppi formali: gruppi definiti con norme e regolamenti, coincidenti in un'azienda con l'organizzazione aziendale stessa.

Gruppi informali: gruppi autogeneratisi, basati su relazioni non formalizzate (ad esempio gruppi di lavoratori le cui relazioni si sono formate spontaneamente).

19.1 L'ambiente di lavoro e le relazioni umane

Gli studi sul campo scoprono il ruolo fondamentale dell'ambiente di lavoro. Le prime ricerche furono condotte in tal senso da Elton Mayo presso gli stabilimenti *Hawthorne* di Cicalo negli anni venti. In una prima ricerca gli psicologi avevano constatato con sorpresa che modificando le caratteristiche dell'illuminazione del reparto, sia aumentandola che diminuendola, si aveva un aumento della produzione. Più sorprendente ancora era il fatto che si riscontrava contemporaneamente un aumento di produzione anche nel reparto del gruppo di controllo, in cui l'illuminazione era rimasta invariata.

Mayo selezionò un gruppo di sei operaie e creò un'area sperimentale nella fabbrica dove progressivamente introdusse delle modifiche relative al lavoro a cottimo, alle pause di riposo, ai pasti caldi (forniti gratuitamente), alla riduzione dell'orario di lavoro ecc. Ogni miglioramento o variazione comportò un aumento della produzione. Tuttavia, quando le migliorie furono eliminate e le operaie tornarono in reparto, la produzione fu la più alta mai registrata. Il commento di Mayo fu che il cambiamento era dovuto al fatto che le sei operaie erano diventate un gruppo che aveva scelto spontaneamente e con entusiasmo di collaborare senza riserve all'esperimento.

Ricerche successive confermarono **l'importanza del gruppo informale nel buon andamento dell'attività lavorativa**. Nel corso della seconda guerra mondiale un problema molto grosso era rappresentato dall'assenteismo. Mayo confrontò l'organizzazione interna di due stabilimenti industriali, uno con alto assenteismo e uno con basso assenteismo. La fabbrica con basso assenteismo si differenziava per l'esistenza di un vivo spirito di gruppo. Questo era dovuto a scelte illuminate della direzione: per anni si erano scelti con cura i capi reparto, addestrandoli a comportamenti idonei a rispettare la dignità individuale dei lavoratori e i fenomeni spontanei di gruppo. Gli uomini di ogni squadra concordavano tra di loro i giorni di libertà. Le assenze impreviste si riflettevano in primo luogo sul gruppo, oltre che naturalmente sull'azienda.

Nell'azienda a basso assenteismo i membri del gruppo facevano notare a tutti il peso della mancanza di un membro per chi era a lavorare e lo spirito di gruppo consentiva di ridurre le assenze a motivi veramente validi.

Il modello di Mayo fu chiamato delle **Relazioni Umane** (*Human Relation*). Il punto focale di questa teoria è la scoperta della natura sociale del lavoro. I concetti principali sono:

- l'uomo è motivato da bisogni di natura sociale;

- con la rivoluzione industriale e la razionalizzazione del lavoro, il lavoro non ha più un significato intrinseco, il suo significato è da ricercare nei rapporti sociali;
- la forza sociale del gruppo motiva il lavoratore più degli incentivi e dei controlli della direzione;
- il lavoratore risponde alla direzione nella maniera in cui il suo superiore sa rispettare i suoi bisogni sociali e soddisfare la sua necessità di essere accettato.

19.2 Gruppi formali e gruppi sociali

Le aziende che non tengono presenti i bisogni del gruppo creano inevitabilmente una condizione di frustrazione tra i lavoratori. Quando i dipendenti si sentono trattati come oggetti, tendono a costituire gruppi le cui norme di condotta sono in opposizione con gli scopi aziendali. Il gruppo formale, costituito dall'organizzazione dell'azienda, viene così a contrapporsi a un gruppo meno evidente e definito, che può essere molto forte, il gruppo informale. In altre parole, se la direzione non riesce a soddisfare i bisogni sociali dei dipendenti, questi vengono alienati dall'organizzazione formale, ed entrano a far parte dell'organizzazione informale.

Gruppi formali e gruppi informali non sono necessariamente contrapposti, anzi, quando gli obiettivi coincidono le risorse a disposizione per raggiungerli si moltiplicano.

Molti ricercatori dopo Mayo hanno confermato i risultati delle ricerche classiche. Abraham Zaleznik ha studiato i gruppi informali e il significato dell'appartenenza per il lavoratore. Le sue conclusioni sono che l'appartenenza al gruppo vale più di qualsiasi ricompensa della direzione, con l'unica eccezione dell'impiego stesso. La motivazione basata solo su incentivi economici può essere sostenuta solo per brevi periodi di tempo, mentre il gruppo di lavoro è fondamentale nel determinare atteggiamenti e comportamenti individuali. Esso regola la produttività dei membri tenendola a un "regime di crociera" di solito ben inferiore al tetto di produttività raggiungibile. Un'alta coesione di gruppo è associata con un'alta produttività nel caso che i membri del gruppo abbiano molta fiducia nella direzione e con una bassa produttività nel caso che i membri abbiano un basso livello di fiducia. Molto dipende dallo stile dei dirigenti: capi "orientati verso la produzione" tendono a essere autoritari e arbitrari. Capi "orientati verso il dipendente" tendono invece a essere collaborativi e democratici. Una ricerca dell'*Institute for Social Research* dell'Università del Michigan ha rilevato che gli uffici diretti da capi orientati verso la produzione sono meno produttivi.

Un interessante sviluppo degli studi sui gruppi è stato rappresentato dalle ricerche di Kurt Lewin in collaborazione con il *Tavistock Institute of Human Relations* di Londra. In questo caso si cercò di utilizzare principi psicoanalitici per comprendere i processi di gruppo nel mondo del lavoro. Le prime ricerche furono condotte in miniere di carbone britanniche, su richiesta della direzione. Gli studi misero in evidenza che le differenze di produttività e di capacità di far fronte alle difficoltà non erano primariamente collegate al grado di "amicizia" tra colleghi, ma alla **funzionalità** del gruppo tradizionale.

I presupposti per un gruppo efficace nel lavoro e armonico nei rapporti erano:

- un'adeguata disponibilità delle particolari competenze occorrenti tra i membri del gruppo;
- condizioni adatte ad assegnare in modo adeguato i ruoli.

L'approccio del *Tavistock Institute* dette origine a un metodo di lavoro chiamato socio-tecnica, poi perfezionato nella socio-analisi di Elliot Jaques, che prevedeva un'analisi molto approfondita del sistema azienda visto come unità caratterizzata da un sistema complessivo di funzionamento.

19.3 Condizioni ambientali e benessere personale

Gli sviluppi più recenti della psicologia del lavoro hanno centrato il proprio interesse sullo studio dell'organizzazione di lavoro nella sua complessità. Esistono diverse scuole o filoni di pensiero, tuttavia in sintesi c'è un certo accordo sul fatto che il benessere del dipendente è fondamentale per il rendimento e per il raggiungimento degli obiettivi dell'azienda. Per ottenere il benessere individuale occorre studiare e lavorare sull'organizzazione lavorativa.

Questo approccio può essere definito **ecologico**, nel senso che presta grande attenzione al sistema nel suo complesso e al contesto storico-sociale e culturale in cui il lavoro si svolge. I punti attorno ai quali si sviluppa la ricerca e l'attività degli psicologi del lavoro sono:

- lo studio delle organizzazioni è centrale;
- l'organizzazione è un sistema complesso in rapporto dinamico con l'ambiente;
- i lavoratori delle aziende si comportano seguendo strategie, essendo condizionati nelle loro scelte dai vincoli delle organizzazioni;
- preconcetti, semplicismi e schematismi vanno evitati, nello studio dell'organizzazione bisogna assumere una prospettiva ecologica.

La prospettiva ecologica è fondamentale per affrontare i temi legati al lavoro: nessun lavoratore può puntare alla qualità del proprio lavoro e al proprio benessere dimenticando i problemi generati dall'organizzazione; allo stesso tempo nessun manager può seriamente pensare di puntare alla produttività senza tener conto del contesto reale in cui opera l'azienda e degli adattamenti necessari al mondo esterno.

20 LE SCUOLE E GLI AUTORI

IN SINTESI: SCUOLE E AUTORI
Taylor: l'organizzazione scientifica del lavoro.
Mayo: le relazioni umane.
La scuola inglese: sociotecnica e socioanalisi.

20.1 Frederick W. Taylor

Taylor è un ingegnere americano di origine quacchera. Dalla sua famiglia alto-borghese, colta e progressista, riceve l'impronta dell'etica puritana del lavoro. Avviato a studi di legge, deve interrompere la frequenza per problemi di vista. Entra in un'acciaieria come manovale, poi come apprendista modellatore meccanico, poi caposquadra. Si laurea in ingegneria seguendo corsi serali e continua la sua carriera raggiungendo i vertici dell'azienda. È molto preso da problemi pratici: inventa una nuova qualità di acciaio, nuove attrezzature, migliora i metodi di taglio dell'acciaio. Incomincia a interessarsi al fattore umano e all'organizzazione del lavoro per risolvere i conflitti presenti in fabbrica. È convinto che la chiarezza su compiti e obiettivi permetta di superare i conflitti. Il suo metodo, chiamato organizzazione scientifica del lavoro, consiste nell'analizzare ogni singola attività, suddividendola in momenti diversi individuando i comportamenti più idonei per raggiungere un certo obbiettivo. Questo, combinato con un sapiente utilizzo delle pause, permette di ottenere risultati notevoli: nell'acciaieria Bethlehem Steel ogni operaio carica giornalmente 12,5 tonnellate di ghisa su vagoni ferroviari. La direzione è convinta che non si possa andare oltre le 25 tonnellate. Modificando carico, comportamenti e pause, e selezionando il personale adatto, Taylor arriva a un carico giornaliero di 47 tonnellate. Il metodo di Taylor si basa su:

- scomposizione del ciclo di lavoro e ricomposizione in un modo più economico e razionale;
- scelta dell'operaio giusto per il posto giusto al momento giusto;
- addestramento dell'operaio perché segua alla lettera le indicazioni date;
- retribuzione commisurata al rendimento.

Le reazioni al taylorismo furono molto forti, in sede sia sindacale sia politica. La razionalizzazione, trasformando l'operaio in un mero esecutore di compiti predeterminati e motivandolo con il solo salario, pone una visione del rapporto uomo/lavoro particolarmente riduttiva. Va dato atto a Taylor di aver aperto, all'inizio del novecento, nuove strade da percorrere per la neonata psicologia del lavoro.

Testi principali: *L'organizzazione scientifica del lavoro* (1903); *Principi di organizzazione scientifica del lavoro* (1911).

20.2 Elton Mayo

Mayo è uno psicologo nato in Australia e diventato insegnante presso la *Harvald Graduate School of Businnes*. Il suo nome è legato alle ricerche compiute presso gli stabilimenti Hawthorne della Western Elettric. La sua prima ricerca nel campo della psicologia del lavoro ebbe luogo in una fabbrica tessile presso Filadelfia. In un reparto il turn-over (avvicendamento degli operai) raggiungeva tassi del 250 per cento annuali, contro il 5/6 per cento degli altri reparti. Mayo propose di inserire una pausa di dieci minuti al mattino e due pause di dieci minuti al pomeriggio per un terzo degli operai. I risultati furono impressionanti: diminuì il turn-over e aumentò la produzione. La cosa sorprendente fu che il risultato riguardò i due terzi del reparto. A questo punto i capi reparto pretesero che le pause fossero "meritate", ovvero legate a una maggior produzione individuale, ma nel giro di cinque giorni si ritornò alla condizione iniziale. Il presidente della società impose allora, contro il parere dei capi reparto preoccupati di non far fronte agli ordini urgenti, interruzioni per tutti, compresi gli stessi capi: la produzione risalì e il reparto produsse di più in minor tempo.

Le ricerche di Mayo si centrarono progressivamente sul ruolo del gruppo e delle relazioni umane in fabbrica. Le sue teorie misero in luce l'importanza della conduzione dei gruppi e quanto fosse importante addestrare ma anche motivare chi avesse compiti di responsabilità. L'attenzione alla organizzazione del gruppo, al suo clima, alla vitalità e alla coesione è un compito primario per la direzione dell'azienda. Le teorie di Mayo, ormai classiche, sono state integrate nei decenni successivi dalle ricerche sulle motivazioni al lavoro e dall'avvento del modello ecologico. Tra le opere principali: *I problemi umani e socio-politici della civiltà industriale* (1945).

20.3 La scuola inglese

Dopo la seconda guerra mondiale alcuni psicologi del *Tavistock Institute of Human Relations* di Londra (istituto noto per i contributi in campo psicoterapico, psicologico infantile, psicopatologico) cominciarono a occuparsi di psicologia del lavoro. Gli psicologi inglesi si avvalsero nella definizione del loro modello dei contributi di Kurt Lewin (teoria del campo), di Melanine Klein (psicoanalista infantile) e di Ludwig von Bertalanffy (Teoria Generale dei Sistemi). Le esperienze pratiche dettero origine all'**analisi socio-tecnica**. I principi del modello erano:

- identificare le caratteristiche essenziali del sistema;
- identificare le fasi essenziali del processo (unità operative);
- identificare gli scostamenti dalle caratteristiche standard del processo che influenzano il raggiungimento dell'obiettivo;
- analizzare il sistema sociale;
- analizzare la percezione dei ruoli;
- analizzare l'influenza sul processo dei sistemi di rifornimento, manutenzione, utenza;
- identificare le forze ambientali in rapporto con i piani di sviluppo e di funzionamento;
- strutturare le proposte di cambiamento.

L'approccio socio-tecnico è, in psicologia del lavoro, tra i più completi, anche se ha un limite nei lunghi tempi di attuazione.

Partendo dal modello Tavistock, Elliot Jaques, psicoanalista di impostazione kleiniana, sviluppò l'approccio chiamato **socio-analisi delle organizzazioni**. Questo modello si basa sull'idea che i fenomeni umani possano essere esplorati in profondità attraverso una relazione professionale tra membri dell'organizzazione e un analista cercato a tale scopo. La dimensione psicoanalitica è entrata così nel mondo del lavoro: Jaques ritiene che la capacità di lavoro dipenda dalla coerenza dei processi mentali consci e inconsci, dalla forza e dalla integrazione della mente, dalla sua capacità di svolgere le proprie funzioni nonostante l'ansia e l'incertezza, mantenendo fermo il senso di realtà e sforzandosi di rendere conscio l'inconscio. Il lavoro dello psicoanalista è di aiuto a chi deve confrontarsi con le responsabilità del lavoro e con il relativo carico emotivo. Principali pubblicazioni della scuola inglese: a cura di D.S. Pugh: *Organization theory* (1971); Jaques E: *Nuovi orizzonti per la direzione aziendale* (1960); Jaques E: *Lavoro, creatività e giustizia sociale* (1970).

21 TEMI DI APPROFONDIMENTO

21.1 La motivazione alla scelta del lavoro

Scegliere il proprio lavoro non è affatto semplice. Si tratta di una decisione che può determinare la vita di una persona per molti anni, rispondendo o meno a molti tipi di esigenze (soddisfazione personale, professionale, economica) e collocando l'individuo in un determinato ambito sociale e in uno specifico gruppo di conoscenze e relazioni. Proprio per questo da molti anni esistono servizi di orientamento professionale che aiutano e indirizzano quanti si pongono per la prima volta alla ricerca di un lavoro e quanti intraprendono gli studi e la formazione in vista di una determinata attività professionale.

Su un piano individuale la dinamica delle scelte verte su due punti: la vocazione e la scelta vera e propria. La **vocazione** è un processo sostanzialmente emotivo che rende attraente un certo tipo di attività lavorativa. Nella vocazione giocano un ruolo fondamentale le fantasie anticipatorie. Ci si sente portati per un lavoro perché si immagina come sarà e quali saranno le proprie reazioni ed emozioni. Ad esempio ci si può sentire portati per la professione di psicologo perché si ritiene che lo psicologo sia in grado di risolvere tutti i problemi emotivi degli altri, oppure che grazie a questo lavoro si diventi una persona molto forte. La **scelta vera e propria** deve in primo luogo tener conto di quella che è una *realtà professionale* (nell'esempio dello psicologo, il lungo iter formativo, il fatto che si tratta di una professione molto impegnativa sul piano personale per il costante contatto con realtà difficili, spesso non modificabili come handicap, gravi malattie mentali ecc.), poi delle *capacità personali*, che non sempre sono quelle adatte o necessarie per una determinata professione. In ultimo, cosa non meno importante, è importante un sano principio di realtà che consenta di avere, nei limiti del possibile, una visione corretta delle possibilità offerte dal *mercato del lavoro*. In altre parole: si può essere motivati a un lavoro sulla base di diversi bisogni personali, ma è molto importante confrontare la propria motivazione con i principi di realtà.

21.2 L'ergonomia

Uno dei settori di applicazione per lo psicologo del lavoro è l'**ergonomia**. L'ergonomia è una scienza interdisciplinare in cui confluiscono ingegneria, psicologia, medicina, management. L'ergonomia studia il rapporto uomo-macchina nel tentativo di assicurare il massimo adattamento reciproco anche in funzione dell'ambiente e del compito richiesto.

Chi utilizza una macchina, sia essa una autovettura, una navicella spaziale o un frullatore, deve mettere in campo competenze psicologiche più o meno complesse. La relazione con la macchina è influenzata da molti fattori, come quelli anatomo-fisiologici o quelli psicologici (in particolare processi di elaborazione cognitiva e aspetti affettivi). La prospettiva d'analisi del sistema uomo-macchina-ambiente non mira solo a incrementare la efficienza produttiva, ma tiene presente anche il benessere dell'operatore nella sua globalità (comfort, sicurezza, soddisfazione, rischio di stress). Nel mondo della produzione l'ergonomia ha oggi il compito di umanizzare il lavoro. Lo spirito attuale è per certi versi il rovesciamento delle teorie di Taylor che all'inizio del Novecento, con la organizzazione scientifica del lavoro, voleva adattare l'uomo alla macchina e al compito. Oggi si cerca di costruire il lavoro in funzione dell'uomo. Lo psicologo del lavoro contribuisce agli studi ergonomici sia con l'analisi di singoli funzioni (capacità di attenzione, concentrazione), sia con lo studio di processi complessi (attività cognitiva, studio della motivazione, reazioni emotive, risposte allo stress ecc.).

21.3 La formazione all'esterno e all'interno della istituzione lavorativa

Uno dei settori di intervento dello psicologo del lavoro è la formazione. Con questo termine si intende una attività tesa sia a sviluppare le competenze tecnico-professionali dei lavoratori (conoscenze e abilità che occorrono per svolgere determinate mansioni), sia a preparare l'individuo ad affrontare tutti i problemi connessi con il ruolo lavorativo, compresi i processi relazionali e di gruppo. Quando si parla di formazione non si intende semplicemente trasmissione di sapere: nella formazione rientra anche l'addestramento a tradurre modelli o conoscenze teoriche in attività concrete e pratiche. In alcuni casi poi, per quanto riguarda le competenze relazionali ed emotive, è necessaria un'azione sulla persona, poiché questo tipo di competenze non possono essere apprese con una semplice trasmissione di informazioni. Il formatore compie allora un'opera di sensibilizzazione, proponendo esperienze che coinvolgono su un piano decisamente personale chi è in formazione (apprendimento attivo). È un errore pensare che la formazione riguardi solo i soggetti che aspirano a entrare nel mondo del lavoro. Certamente è necessario che chi si pone sul mercato possegga le competenze necessarie per il lavoro che cerca (e si è detto che tali competenze non si limitano alle sole nozioni). Tuttavia è diventata patrimonio comune la necessità per le organizzazioni di provvedere alla costante formazione e aggiornamento del personale. È infatti indispensabile per qualunque azienda inserita nel mercato curare il proprio patrimonio umano adeguandolo alle esigenze dei tempi. Alcune aziende fanno formazione permanente, altre in momenti specifici (neo-assunzioni, richieste ed esigenze nuove, generico aggiornamento). Lo psicologo del lavoro si inserisce nel processo di formazione sia come esperto dei processi umani e della relazione, sia come consulente per la organizzazione dei momenti formativi.

Parte quinta

PSICOLOGIA DELLA COMUNICAZIONE DI MASSA

22 COMUNICAZIONE VERBALE E NON VERBALE

IN SINTESI: COMUNICAZIONE VERBALE E NON VERBALE

La comunicazione è un processo complesso che solo negli ultimi anni è stato sufficientemente studiato e compreso. I messaggi, inviati attraverso diversi canali di comunicazione, sono di due tipi: verbali e non verbali. La comunicazione verbale utilizza le parole, la comunicazione non verbale i gesti, la mimica, la postura. Di solito chi comunica utilizza entrambe le forme. Ogni processo di comunicazione fornisce informazioni sulla relazione esistente tra coloro che comunicano. A volte è necessario metacomunicare, ovvero comunicare sulla comunicazione in modo da chiarire il vero senso della comunicazione.

Comunicazione: in generale scambio di informazioni. La comunicazione umana è un processo complesso, in cui un emittente invia messaggi a un ricevente attraverso uno o più canali di comunicazione.

Comunicazione Non Verbale: l'insieme delle comunicazioni basate su forme diverse del linguaggio. Tra le diverse forme, la mimica facciale, la gestualità, la postura, le forme di comunicazione non verbale prodotte col linguaggio.

Contesto: la realtà spazio-temporale in cui avviene una comunicazione. Spesso il contesto definisce e in qualche modo caratterizza la comunicazione.

22.1 La comunicazione

Il termine comunicazione comprende, nel senso comune, qualunque scambio di informazioni all'interno di un sistema. Si parla di comunicazione, ad esempio, tra cellule nervose oppure tra apparecchiature o tra computer. Allo stesso tempo il termine comunicazione può essere utilizzato per riferirsi a processi inter-relazionali molto profondi e personali (per esempio quando si dice "in quella coppia non c'è comunicazione" si sottintende con questo una relazione impoverita).

Si tratta dunque di un fenomeno complesso, rispetto al quale la psicologia della comunicazione delimita il proprio campo di studio alla sola comunicazione tra esseri umani. Un aspetto fondamentale della comunicazione è la trasmissione di messaggi. La figura presente rappresenta gli elementi necessari all'invio e alla ricezione di un'informazione.

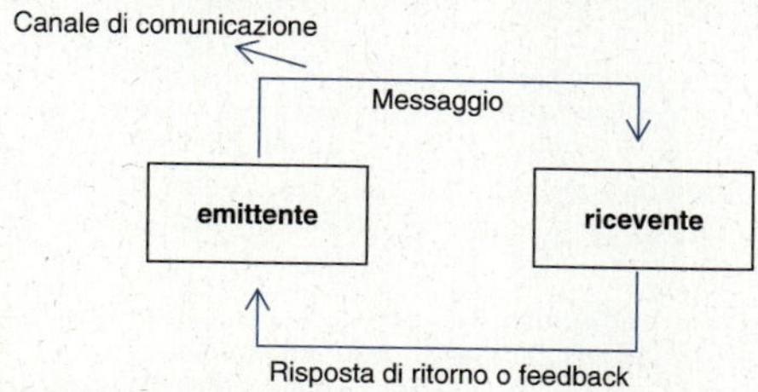

I 5 elementi dello schema sono:

- **emittente**: è colui che, dotato di un apparato di emissione in grado di produrre un messaggio, lo invia utilizzando il canale prescelto;

- **canale di comunicazione**: è la modalità utilizzata per trasmettere il messaggio. Vi sono vari canali di comunicazione: canale uditivo, visivo, tattile, chimico e, nel caso di animali, anche elettrico; I canali della comunicazione possono essere, e di solito sono, più di uno contemporaneamente.
- **messaggio**: è l'oggetto della comunicazione, che viene strutturato o codificato sulla base dell'apparato di emissione e del relativo canale di comunicazione;
- **ricevente**: è colui che, dotato di un apparato di ricezione in grado di percepire e codificare il messaggio, capta o riceve il messaggio;
- **feedback o risposta di ritorno**: è la risposta da parte del ricevente, che fa parte integrante di un processo comunicativo completo. Essa non avviene necessariamente sullo stesso canale di comunicazione.

L'esistenza di una risposta di ritorno permette di chiarire un altro aspetto. La comunicazione non è un fenomeno analizzabile in termini di causa-effetto, bensì va considerato come un processo circolare, del quale non è possibile definire la cosiddetta "punteggiatura", ovvero quali messaggi determinano quali altri.

Le forme di comunicazione sono suddivise in due grandi categorie: la comunicazione verbale e quella non verbale.

22.2 La comunicazione non verbale

Il linguaggio rappresenta una delle forme principali di comunicazione, tipica dell'uomo. Tuttavia non è l'unica forma di comunicazione. Esistono molte forme di comunicazione dette non verbali, che utilizzano diversi canali.

Forme di comunicazione non verbale prodotte con il linguaggio	Intonazione, vocalizzazioni aggiuntive (es. ah, uhm), pause, "punteggiatura"
Mimica facciale	Espressioni del volto, sguardo e sua direzione
Gestualità	Movimenti delle mani, della testa, di altre parti del corpo
Postura e modo di pensare	Posizione del corpo durante la comunicazione, distanza interpersonale, pettinatura, modo di vestire, ornamenti

La comunicazione non verbale, a differenza di quella verbale, è meno precisa e più difficile da interpretare. Le due forme di comunicazione sono tuttavia tra di loro interdipendenti. Una comunicazione verbale senza comunicazione non verbale sarebbe simile a un testo scritto privo di punteggiatura: illeggibile. Molte informazioni importanti, vengono, dunque, ricavate dalle forme di comunicazione non verbale che accompagnano il linguaggio, ad esempio dal tono della voce o dalle pause del discorso.

Una stessa frase (per esempio "Buongiorno") può indicare gioia o entusiasmo (tono della voce caldo), freddezza (pronuncia neutrale) o timore (voce tremante o frase detta a voce alta, gridando). Anche la mimica facciale è una forma molto ricca di comunicazione non verbale. Con il viso si possono esprimere, ad esempio, le emozioni che si collegano a uno scambio di informazioni (gioia, sorpresa, paura, indifferenza). Una "faccia triste" può dire molto più delle parole.

Un'altra forma di comunicazione non verbale che accompagna frequentemente la comunicazione verbale è la gestualità. Con i gesti delle mani si sottolineano i messaggi inviati; in certi casi i gesti parlano addirittura da soli (ad esempio, per indicare, per dire No, per chiamare). Anche altre parti del corpo producono gesti: la testa (il Sì ed il No), i piedi (fermi, dondolanti, prementi), le gambe. Oltre alla comunicazione dinamica della gestualità, il corpo è anche capace di una comunicazione statica attraverso la postura.

Con la posizione del corpo si comunicano molte informazioni. Ad esempio, entrando in classe, è subito chiaro chi sono gli studenti, seduti dietro ai banchi e chi è l'insegnante, di fronte a loro. Alcuni studenti in piedi sui banchi dovrebbero dare subito il messaggio di una situazione anomala.

Anche parlando con una persona si può assumere una postura che è di attenzione (tronco del corpo in posizione stabile), di forte ricerca di contatto (tronco sbilanciato in avanti, verso l'interlocutore), di rifiuto (tronco tirato indietro). Anche la distanza interpersonale è quindi una forma di comunicazione.

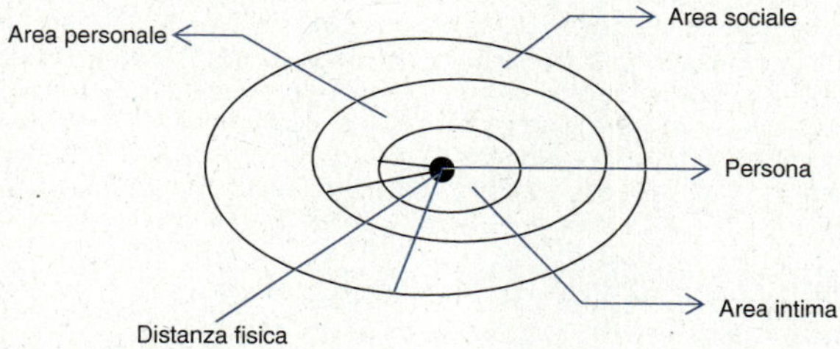

A seconda del tipo di rapporto esistente tra due persone, si ha solitamente una diversa distanza fisica durante la comunicazione.

Nel caso di persone con rapporti molto stretti (una coppia, i membri di una famiglia), i contatti avvengono a distanze molto ravvicinate (area intima). Tra due persone che hanno un buon contatto, ma non troppo personale (ad esempio due amici), le distanze aumentano (area personale). Infine, due persone che si conoscono poco, hanno contatti formali o non amicali (ad esempio conoscenti, colleghi di lavoro, studenti e insegnanti), la distanza è ancora maggiore (area sociale).

Due persone non si conoscono e salgono insieme su un piccolo ascensore. Cosa può accadere?

In alcune situazioni la distanza fisica tra le persone è ridotta da fattori esterni (ad esempio in ascensore, in autobus ecc.). In questi casi, di solito, le persone coinvolte, emettono immediatamente alcuni segnali per indicare che la situazione non è intima. Il corpo viene posto in una posizione possibilmente neutrale (di sbieco e non diretta), lo sguardo è rivolto verso l'alto o verso il basso, la mimica facciale è di circostanza. A volte si intavolano conversazioni brevi e generiche, con il solo scopo di confermare la neutralità della situazione. Nonostante tutti questi accorgimenti alcune persone provano comunque una sensazione spiacevole di imbarazzo.

Anche il contesto spazio-temporale fornisce ulteriori informazioni che spesso caratterizzano la comunicazione. Certe affermazioni possono avere un significato in un certo luogo e uno molto diverso in un altro. Anche il momento in cui si comunica (momento della giornata, momento dell'anno, momento storico ecc.) può caratterizzare la comunicazione. In poche parole il contesto fornisce uno scenario alla comunicazione con un rapporto simile a quello esistente tra una figura e il suo sfondo.

ATTIVITÀ PROFESSIONALI CHE RICHIEDONO VICINANZA FISICA

Vi sono attività che richiedono una costante vicinanza fisica tra operatore e utente. Si pensi ai medici, agli infermieri professionali, agli addetti all'assistenza di anziani e portatori di handicap, ai fisioterapisti, ma anche ai parrucchieri e ai barbieri, ai massaggiatori, alle estetiste ecc.

Tutte queste persone si collocano di fatto nell'area intima delle persone di cui si occupano e devono prestare una particolare attenzione alla comunicazione non verbale e alla relazione con l'utente, che facilmente può vivere in modo negativo il contatto fisico. Essi devono curare particolarmente la ridefinizione della relazione sulla base degli altri canali di comunicazione. È quindi molto importante che il professionista ricordi sempre che sta lavorando con persone e che è in corso una relazione. Spesso, infatti, la routine del lavoro distoglie da questo aspetto e induce a rapportarsi con le persone come fossero "oggetti".

Il continuo contatto con gli utenti ha anche un altro risvolto. L'area intima di coloro che svolgono queste professioni viene costantemente invasa, e a lungo andare questo può rappresentare una forma di stress molto logorante. Un esempio tipico è dato dalle insegnanti degli asili nido e delle scuole materne. La necessità di stabilire con il bambino una relazione fortemente basata sulla fisicità rappresenta uno dei principali motivi che rendono questa professione "usurante".

22.3 Comunicazione e interazione

La comunicazione non è solo passaggio di informazioni, ma anche un complesso di simboli e segni che hanno il compito di definire il ruolo e la relazione di chi comunica. La comunicazione non può essere spiegata in termini di causa-effetto. Ogni partecipante a una comunicazione fornisce una propria "punteggiatura della sequenza comunicativa" con caratteristiche di causa-effetto (ad esempio, io gli ho detto così e lui mi ha risposto ecc.). In realtà il processo comunicativo è circolare e ogni sequenza proposta non risulta più vera di un'altra.

Comunicando si definisce anche il tipo di relazione esistente tra chi interagisce. Questo tipo di messaggi definiscono due tipi di relazione, quella **simmetrica** e quella **complementare**. Nelle comunicazioni simmetriche i due (o più) comunicanti si pongono su un piano di uguaglianza, tipico del rapporto tra pari. Nella comunicazione vengono inseriti messaggi che definiscono la relazione come paritaria (ad esempio l'uso reciproco del tu, lo stesso tono di voce, l'assenza di referenza ecc.). Viceversa, nelle comunicazioni complementari i messaggi definiscono rapporti in cui c'è una figura superiore (*one-up*) e una inferiore (*one-down*). Entrambi i tipi di comunicazione (e relazioni) sono necessarie ed entrambe possono creare dei problemi quando diventano una forma rigida e non modificabile di comunicazione.

22.4 La meta-comunicazione

La meta-comunicazione è la comunicazione sulla comunicazione. Apparentemente si tratta di una funzione complessa, in realtà è molto utile e necessaria per chiarire gli equivoci. Se due amici stanno chiacchierando e uno dei due afferma qualcosa in modo poco chiaro, l'altro può, ad esempio, chiedere "Lo dici per scherzo?". Questo permette di liberare la relazione da fraintendimenti e messaggi poco chiari. La Scuola di Palo Alto ha particolarmente sottolineato le potenzialità e i vantaggi della meta-comunicazione (si veda il § 24.2). Tuttavia anche il meta-comunicare ha i suoi limiti. Essendo esso stesso una forma di comunicazione è soggetto agli stessi rischi che corre ogni forma di comunicazione (fraintendimento, contrasto tra messaggio verbale e non verbale ecc.).

23 LA COMUNICAZIONE DI MASSA

IN SINTESI: LA COMUNICAZIONE DI MASSA

La comunicazione attraverso i media è diversa dalla comunicazione interpersonale (anche quella che si verifica nei grandi gruppi) per la mancanza di una risposta di ritorno immediata (*feedback*). Le peculiarità dell'emittente che invia il messaggio attraverso i mass-media sono molto importanti, come anche la forma che assume il messaggio e le caratteristiche del ricevente (*target*) a cui è diretto.

Mass-media: l'insieme degli organi di stampa e dei mezzi audiovisivi (giornale, radio, televisione ecc.) che consentono una comunicazione su vasta scala a partire da un unico centro emittente e senza che il ricevente possa interloquire.

23.1 Specificità della comunicazione di massa

Una forma particolare di comunicazione è quella offerta dai Mass-media. I Mass-media (televisione, radio, giornale ecc.) inviano messaggi a un ampio gruppo (addirittura possono raggiungere centinaia di milioni di persone). **Il messaggio è uguale per tutti** e, in linea di massima, non permette al ricevente di dare una risposta di ritorno, almeno non in forma immediata. Si tratta di una comunicazione molto diversa da quella propria della comunicazione interpersonale. Nel capitolo 2 (Dinamica di gruppo e Identità Individuale) si è scritto della differenza tra comunicazione tra due persone e comunicazione in gruppo. In alcuni casi, nel gruppo si hanno modelli di comunicazione che si avvicinano a quello dei Mass-Media. Nella comunicazione stellare il gruppo fa riferimento a un unico soggetto: è il caso di un'assemblea, di un comizio, di un assembramento, ma anche di una riunione o di una lezione. In questo caso si parla di **comunicazione discendente**.

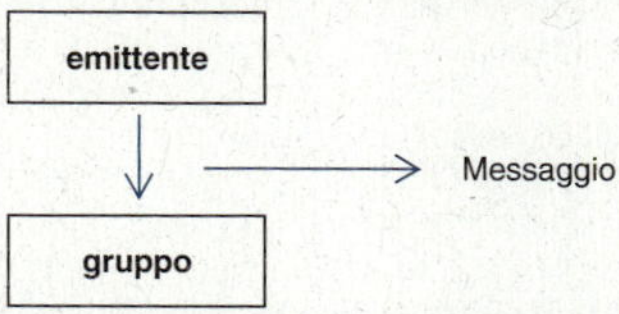

In realtà in questi casi esiste comunque una risposta di ritorno da parte del gruppo che determina un'interazione. Un gruppo completamente silenzioso, rumoreggiante, entusiasta, perplesso, addirittura furioso esprime gli effetti dei messaggi ricevuti e probabilmente influenza il ricevente. Si parla allora di **comunicazione ascendente**.

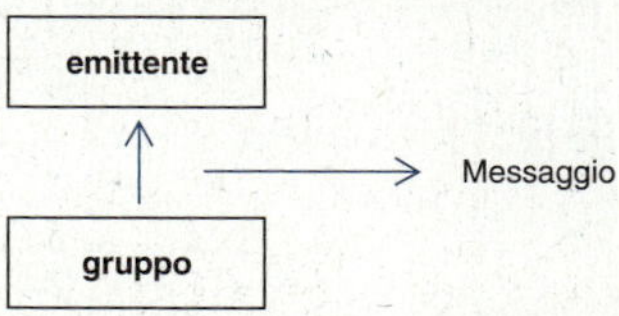

Questa è una fondamentale differenza rispetto alla comunicazione dei media, che non ha essenzialmente contatti con il (ben più vasto) gruppo ricevente.

23.2 Gli effetti dei Mass-media

Gli studi psicosociali e sociologici si sono soffermati, studiando la comunicazione dei Mass-media, sui cosiddetti "effetti": l'influsso sulla massa dei riceventi del messaggio inviato dall'emittente o fonte. Per studiare questi processi di comunicazione, nelle prime ricerche, vennero prese in considerazione le caratteristiche:

- della fonte;
- del messaggio;
- del ricevente.

Per quanto riguarda la **fonte**, molti studi hanno indagato sulla **credibilità**, ovvero su quali caratteristiche debba avere la fonte per essere credibile. Chi riceve messaggi da un messo massmediatico lo considera credibile se **competente** (esperto della materia) e **affidabile** (veritiero, sincero).

CREDIBILITÀ DELLA FONTE

Alcuni studi hanno inoltre dimostrato che è ritenuta maggiormente affidabile una fonte che si esprime contro il proprio interesse.

In un esperimento un personaggio che si presentava al pubblico con le caratteristiche truffaldine o recitando la parte del piccolo delinquente, risultava più credibile quando si pronunciava a favore di leggi e giudici severi, rispetto a quando argomentava a favore di tribunali indulgenti e comprensivi.

La fonte può essere anche poco credibile ma comunque **attraente**, in altre parole simpatica al ricevente. In tal caso essa ha un elevato potere di persuasione. Tale forma di persuasione tuttavia, essendo legata al solo fascino della fonte, non porta a un'interiorizzazione degli argomenti proposti, che vengono accettati ma non fatti propri, e rigettati non appena la fonte perde la simpatia del ricevente.

Per quanto riguarda il messaggio, numerosi studi hanno indicato la necessità che esso sia coerente con il tipo di **canale** utilizzato. Un articolo di giornale è uno strumento diverso da un servizio televisivo o anche da un manifesto attaccato sui muri della città. Ogni messaggio va calibrato sulla base del media utilizzato. Spesso più media concorrono alla trasmissione di un unico messaggio come accade, ad esempio, in una campagna pubblicitaria.

Alcuni studi hanno anche cercato di capire se sia più efficace un messaggio basato sulla razionalità o uno che fa appello a sentimenti ed emozioni. Le risposte date dalla ricerca non sono univoche: tutto dipende dall'argomento. L'uso della razionalità risulta più efficace se il ricevente trova il messaggio, oltre che valido, nuovo, capace di farlo riflettere in modo diverso dal solito o su temi nuovi (stimolazione dei bisogni cognitivi).

Fare invece appello alle emozioni può essere un'arma a doppio taglio. Varie campagne pubblicitarie, ad esempio di prevenzione in campo sanitario, sono state centrate sul sentimento della paura ("Non lavarsi i denti facilita la carie e rovina i denti", "Fumare rovina i polmoni e fa venire il cancro" ecc.). Il livello di ansia generato da messaggi di questo tipo può anche portare a un rifiuto da parte del ricevente e causare effetti opposti a quelli voluti dall'emittente. Tuttavia, se l'ansia prodotta risulta gestibile, ad esempio grazie a indicazioni precise ("Rapporti sessuali occasionali non protetti facilitano il contagio dell'AIDS In questi casi utilizzare il profilattico"), le emozioni provocate dal messaggio possono sortire un effetto positivo. L'effetto prodotto dipende molto anche dal ricevente; per tale motivo la costruzione di un messaggio deve tenere bene in considerazione a chi è rivolto (*target*).

24 LE SCUOLE E GLI AUTORI

IN SINTESI: SCUOLE/AUTORI A CUI FARE RIFERIMENTO

- La Scuola di Palo Alto: lo studio della comunicazione.
- Gli studi classici sugli effetti: effetti dei mass media sulle persone.

24.1 Gli studi classici sugli effetti

Intorno agli anni '40 sono iniziati negli stati Uniti gli studi sugli effetti dei Mass-media. Queste ricerche sono nate dal bisogno di comprendere il reale effetto dei nuovi strumenti tecnologici (soprattutto la radio) per la trasmissione dei messaggi, in un periodo storico particolare, la seconda guerra mondiale. Gli psicologi sociali si interrogarono sull'efficacia della comunicazione di massa, ponendosi domande come: "Persuade di più la comunicazione di massa o quella interpersonale?"; "È possibile misurare l'efficacia di un messaggio inviato attraverso i media?".

Questi studi classici si occuparono prevalentemente della **fonte** e del messaggio di ogni comunicazione mediatica, trascurando il ruolo del ricevente (solo di recente gli studi hanno indagato sulle caratteristiche emotive e cognitive di chi riceve il messaggio).

L'indagine sull'efficacia di una comunicazione attraverso i media era affidata a un modello che valutava un gruppo di persone prima e dopo l'invio di un messaggio. I risultati venivano confrontati con un gruppo che non aveva ricevuto il messaggio. Per quanto riguarda la fonte, gli studi indagarono soprattutto sulla **credibilità** e sulla **attrattiva** (si veda il capitolo 23).

Per quanto riguarda il messaggio, alcune ricerche hanno indagato sugli **argomenti logici** ed **emotivi**, altre sull'opportunità di utilizzare **argomenti bilaterali** e **unilaterali**. Con questi termini si intende la presentazione di argomenti a favore e contro una tesi (bilaterali) o solo a favore (unilaterali).

Ad esempio, un conferenziere o un politico può introdurre in un discorso solo argomenti a favore della propria tesi o punto di vista. In questo caso si parla di argomento unilaterale. Il vantaggio è quello di non insinuare dubbi che si contrappongano allo sforzo di chi parla. Il rischio è quello di apparire fazioso. In un altro caso chi comunica può scegliere di presentare le tesi avverse al suo pensiero, magari poi per criticarle e mostrare la forza del proprio punto di vista. In questo caso sono stati scelti argomenti bilaterali, con rischi e vantaggi opposti a quelli dei messaggi unilaterali. La scelta della modalità da seguire dipende in larga parte dal pubblico a cui ci si rivolge. È stato rilevato che il primo metodo incide particolarmente su un pubblico poco addentro alle questioni, già in buona parte schierato a favore di chi comunica. Il secondo metodo è adatto per un pubblico preparato e/o smaliziato, che chiede di poter "ragionare con la propria testa" sugli argomenti di cui si parla.

24.2 La scuola di Palo Alto

La scuola di Palo Alto è nata presso il **Mental Research Institute** (MRI) in California intorno alla metà degli anni '60. Questa scuola ha raggruppato psichiatri, antropologi, filosofi, psicologi per studiare a fondo i problemi della comunicazione. Ne sono derivate delle concezioni che hanno avuto ampio successo negli anni Settanta e che tutt'ora trovano applicazioni in settori diversi come la psicoterapia, la psicopatologia, le scienze sociali.

Il punto di partenza è stato costituito dalla ricerca dei disturbi di comunicazione presenti in persone sofferenti di schizofrenia e nelle loro famiglie. Ben presto il campo di studio si è esteso e sono stati definiti concetti che riguardavano tutte le forme di comunicazione.

La tesi principale della scuola è che non è possibile non-comunicare. Secondo gli studiosi di Palo Alto ogni comportamento, durante un'interazione, è una forma di comunicazione, dunque, essendo impossibile non-comportarsi è impossibile non-comunicare.

Scrive infatti Paul Watzlawick, in *Pragmatica della comunicazione umana*: "...non esiste qualcosa che sia un non-comportamento o, per dirla più semplicemente, non è possibile non avere un comportamento. Ora, se si accetta che l'intero comportamento in una situazione di interazione ha valore di messaggio, vale a dire è comunicazione, ne consegue che, comunque ci si sforzi, non si può non comunicare."

Molti concetti fondamentali per la comprensione della comunicazione sono stati definiti dalla scuola di Palo Alto; ad esempio, il ruolo in cui la comunicazione influenza il comportamento (**pragmatica** delle comunicazione umana), alcune forme di comunicazione distorta (comunicazione **paradossale**), l'importanza del comunicare sulla comunicazione (**metacomunicazione**).

Tuttavia, alla Scuola di Palo Alto sono state mosse alcune critiche, in particolare in riferimento alla tesi del "Non è possibile non-comunicare". Gli psicologi sociali considerano questa tesi troppo estensiva, la comunicazione diventa così un fenomeno talmente ampio da rendere impossibile il suo studio.

Tra i principali autori della scuola di Palo Alto ricordiamo **Gregory Bateson**, antropologo, autore di saggi fondamentali (*Mente e Natura*, 1979; *Verso un'ecologia della mente*, 1972) e **Paul Watzlawick**, docente di psichiatria, tra i principali teorici della scuola di Palo Alto e allo stesso tempo capace divulgatore dei suoi concetti, coautore di: *Pragmatica della comunicazione umana* (1967) e *Change* (1974).

25 TEMI DI APPROFONDIMENTO

25.1 Le informazioni di contesto e non verbali in un messaggio

Durante un processo comunicativo, ogni messaggio utilizza un proprio canale per essere inviato. Come si è visto esistono più canali per la comunicazione (acustico, visivo...) e, difficilmente, per non dire mai, se ne utilizza uno solo. Questo anche quando il canale è poco associabile ad altri.

Si prenda in considerazione una comunicazione telefonica: molti canali non possono essere utilizzati (visivo, tattile, chimico). Tuttavia la comunicazione si sviluppa su una sequenza di messaggi duplici: quelli squisitamente verbali e quelli non verbali propri del canale acustico, ovvero le pause, il tono della voce ecc. Durante una telefonata, questa seconda forma di comunicazione è addirittura ampliata nella percezione del ricevente: pochi secondi di silenzio al telefono sono percepiti come una pausa molto più estesa che durante una normale conversazione. Dunque la comunicazione prevede sempre messaggi verbali e non verbali.

Una considerazione a parte va fatta per le informazioni provenienti dal contesto. Per contesto si intende l'ambiente spazio-temporale prossimo ai comunicatori. Come una figura non può esistere senza sfondo, così una interazione non può avere luogo senza un contesto di riferimento. Due persone comunicano tra di loro non solo in un certo modo, ma anche in un certo posto e in un certo momento della loro storia e della storia in generale. Una conversazione cambia completamente senso a seconda del luogo e della situazione in cui accade. In una scuola, ad esempio, una semplice domanda fatta in classe ("Qual è la capitale del Sudan") fa pensare a una interrogazione. In un altro luogo, ad esempio la sala d'attesa di una stazione o la panchina di un parco cittadino, la stessa domanda fa pensare a uno scambio di informazioni. Alcuni contesti fortemente connotati (ad esempio la scuola, ma anche un ospedale, una caserma, una fabbrica, un carcere ecc.) caratterizzano e permeano la conversazione dandole un forte significato, a volte superiore al contenuto stesso del messaggio.

25.2 La comunicazione persuasiva e la pubblicità

Con la comunicazione è possibile persuadere e spingere una persona o molte persone ad avere un certo comportamento. Non si tratta di un processo semplice, la comunicazione persuasiva necessita di diversi passaggi, per cui si può parlare di **processo di persuasione**. In sintesi i passaggi sono tre:

- ricezione e comprensione del messaggio;
- spostamento del punto di vista del ricevente e ritenzione delle informazioni nuove;
- comportamento voluto dall'emittente.

In primo luogo occorre dunque che il messaggio inviato dall'emittente sia ricevuto e compreso dal ricevente, cioè decodificato correttamente. Il messaggio deve in altre parole catturare l'attenzione del pubblico a cui è inviato ed essere capito. Quando questo è avvenuto inizia la seconda fase in cui il messaggio deve essere in grado di convincere il ricevente.

Perché ciò accada occorre che la comunicazione riesca a influenzare il ricevente, ovvero a spostare il suo punto di vista nella direzione tracciata dall'emittente. Inoltre l'influenzamento non deve essere passeggero e superficiale, le informazioni vanno trattenute da chi le riceve (ritenzione). Solo a questo punto si passa alla terza fase, quella del comportamento. Se il messaggio non si è disperso nelle fasi precedenti, il ricevente arriva a comportarsi (ferma restando la possibilità che intervengano altre variabili) come richiesto dal messaggio.

I principi descritti sono fondamentali nel campo della pubblicità. Il messaggio pubblicitario è efficace se è in grado di catturare l'attenzione del pubblico e se è in grado di essere compreso. Deve poi convincere e essere trattenuto nella memoria, facendo sì che l'influenza che ha ottenuto non sia effimera. Solo questi passaggi rendono possibile il comportamento, ad esempio l'acquisto di un prodotto.

25.3 La rappresentazione della violenza

La violenza viene definita come un tratto costitutivo della natura umana. Alcuni intellettuali hanno sostenuto che la storia di una civiltà nasce quando una popolazione si pone il problema della violenza e cerca di risolverlo, attribuendola ad attività mitiche (dunque rendendolo un fenomeno non umano) o fissando regole per contenerla. Se questo è vero, la rappresentazione sociale della violenza, ovvero un punto di vista condiviso dal senso comune, è uno strumento molto importante per il processo stesso di condivisione delle regole civili. La violenza dunque fa parte della realtà umana e sarebbe molto dannoso considerarla come una caratteristica di entità esterne al proprio gruppo di riferimento (a esempio attribuirla ad un dio violento, a un popolo violento, a un altro gruppo sociale violento ecc.).

Riconoscere la violenza come parte della propria realtà personale e sociale è il primo passo per poterla gestire. Ma come rappresentare la violenza? È evidente che l'atto violento, in realtà relativamente poco frequente se si considera l'enorme somma delle interazioni umane, viene continuamente rappresentato in film, sceneggiati, fiction ecc. In televisione vengono quotidianamente riportate informazioni relative a un numero di aggressioni, delitti, omicidi ben più alto di quello che ognuno può riscontrare nel proprio ambiente prossimo, e soprattutto molto maggiore di quello a cui una singola persona può realmente assistere. Va aggiunto che la rappresentazione della violenza da tempo non è più appannaggio della fiction. La ricerca del sensazionale nel mondo dell'informazione ha portato alla trasmissione di reportage sempre più veritieri, alla pubblicazione di fotografie sempre più shockanti.

Quali sono gli effetti di una così massiccia rappresentazione della violenza?

Da molti anni ricerche in psicologia sociale hanno appurato che l'esposizione a scene violente aumenta la possibilità di comportamenti aggressivi persino nelle cavie da esperimento. Le conseguenze su bambini, adolescenti, ma anche adulti sono dunque probabilmente un rinforzo di modelli aggressivi di comportamento. Questi studi però non hanno minimamente limitato il proliferare della rappresentazione di scene violente attraverso i media. Le soluzioni vanno cercate in un comportamento più responsabile da parte di chi gestisce i mass media e in una attenta supervisione, da parte degli adulti, su quanto viene visto da piccoli e adolescenti, con interventi per spiegare, rassicurare e al limite censurare rappresentazioni eccessivamente vistose o crude della violenza.

Parte sesta

PSICOLOGIA CLINICA E DIFFERENZIALE

26 NORMALITÀ E PATOLOGIA

IN SINTESI: NORMALITÀ E PATOLOGIA

La psicologia clinica è una disciplina applicativa che studia e propone interventi per il disagio psichico e la malattia mentale. Il confine tra normalità psichica e patologia non è definibile; tra le due condizioni esiste un continuum. Lo stesso concetto di normalità può essere considerato da punti di vista diversi: normalità statistica, normalità come accettabilità sociale, normalità come salute o come stato desiderabile.

Psicologia clinica: disciplina applicativa che utilizza le conoscenze psicologiche per affrontare il disagio psichico e la malattia mentale.

Malattia mentale: malattia che comporta l'alterazione o la compromissione di funzioni psichiche.

Normalità: condizione di riferimento per definire se esiste o meno disagio psichico e/o malattia mentale. In realtà è un criterio difficile da definire, essendo interpretabile da punti di vista diversi.

26.1 Cosa è la psicologia clinica

La psicologia clinica è una disciplina che utilizza le proprie conoscenze, per comprendere e migliorare il funzionamento psicologico dell'individuo. Essa si basa su un proprio metodo, chiamato metodo clinico. Essa ha un posto di rilievo nel campo della salute mentale e rivolge il proprio interesse e i propri studi al **singolo individuo** o a **singole situazioni** (coppie, famiglie, gruppi), traendone dati per formulare ipotesi e leggi.

Come si diventa psicologi clinici?

Attualmente (2002) in Italia non esiste una legge che definisca con precisione la figura dello psicologo clinico. Questo a differenza delle figure dello psicologo e dello psicoterapeuta. Esiste tuttavia un iter formativo per ottenere il titolo di specialista in psicologia clinica. Gli psicologi clinici, come gli psicoterapeuti, possono essere sia psicologi sia medici.

Dopo la laurea in psicologia o in medicina occorre frequentare un tirocinio post laurea e superare l'Esame di Stato per l'abilitazione al rispettivo Ordine Professionale. A questo punto si può presentare domanda di iscrizione a una delle Scuole di Specializzazione in Psicologia clinica presso l'Università. La specializzazione dura quattro anni e prevede sia lezioni sia tirocini. Con la Specializzazione si viene iscritti automaticamente nell'elenco degli psicoterapeuti tenuto dagli Ordini Professionali (Psicologia e Medicina).

Le principali attività dello psicologo clinico sono:

- **diagnosi e valutazione clinica** (hanno il fine di raccogliere informazioni sia sul disagio del cliente o paziente, sia sulle sue risorse psicologiche);
- **consulenza** (punta a chiarire il motivo del disagio e a indirizzare il paziente verso scelte adeguate);
- **terapia** (attuare un trattamento sulla base dell'approccio di riferimento del clinico. La gamma di trattamenti possibili è molto ampia, come pure i modelli teorici);

- **prevenzione, formazione, ricerca** (utilizzare proficuamente le proprie conoscenze ed esperienze nel campo della prevenzione e della ricerca, nonché della formazione di altri operatori che intervengono nel settore della salute mentale e più in generale in quello delle professioni d'aiuto).

26.2 La malattia mentale

Il disturbo psichico e la malattia mentale sono sempre esistiti. Non tutti i periodi storici hanno considerato il malessere psicologico allo stesso modo. Nella storia della malattia mentale, per lungo tempo il folle è stato considerato un indemoniato. Questa concezione presente nelle civiltà primitive venne superata dalla cultura medica della Grecia e dell'antica Roma. Ippocrate, Asclepiade e Galeno ritenevano già che occorresse ricercare spiegazioni naturalistiche alla malattia mentale. Con l'avvento del Cristianesimo e del Medioevo vi fu un ritorno a una visione oscura e diabolica della pazzia. Per molti secoli i malati mentali sono stati maltrattati, esclusi, rifiutati, accomunati a vagabondi, delinquenti, eretici e criminali e con questi imprigionati. Nel periodo dell'Illuminismo e durante la Rivoluzione francese alcuni medici proposero un punto di vista diverso. A Parigi Philippe Pinel propose di togliere ceppi e catene ai malati mentali per poterli curare. Questo atto, veramente rivoluzionario, consentì ai malati di uscire dalle carceri per avere spazi e cure a loro riservati. Nell'Ottocento si pose il problema di quale fosse l'approccio più adatto in un campo in cui le conoscenze erano limitatissime e le cure basate quasi esclusivamente sulla contenzione e/o sul contatto umano. Dalla seconda metà dell'Ottocento prevalse l'approccio medico alla malattia mentale, con molte ricerche e ipotesi sulle possibili cause organiche. Negli ultimi decenni del diciannovesimo secolo nacque l'approccio psicodinamico al disturbo mentale, grazie a studi e teorie di medici-psicologi come Jean Martin **Charcot**, Hippolyte **Bernheim** e Pierre **Janet**. In tal senso il contributo più importante fu dato da Sigmund Freud, fondatore della psicoanalisi. Nel ventesimo secolo si sono affermati tre principali linee di interpretazione della malattia mentale, l'approccio bio-medico, quello psicologico e quello psico-sociale.

Il **modello bio-medico** utilizza i concetti normalmente usati per le altre malattie organiche: ogni malattia ha una sua eziologia, un decorso e un esito; le malattie hanno origine organica; la malattia è definita grazie ai sintomi e la cura consiste nell'eliminazione dei sintomi; Ogni malattia è del singolo individuo, è universale e non culturalmente determinata.

Il **modello psicologico** si concentra sulla personalità individuale e, a seconda delle teorie, sul sistema relazionale in cui il singolo è inserito (coppia, famiglia). Tale modello comprende un numero molto ampio di teorie che in genere tendono a inserire i sintomi del disagio in un contesto più ampio, la personalità dell'individuo e/o le sue principali relazioni.

Il **modello psico-sociale** dirige la propria attenzione sull'impatto che le organizzazioni sociali hanno sul singolo. Questo modello riconduce le origini della malattia mentale a condizioni più generali, sociologiche, e tende a intervenire con progetti comunitari che coinvolgono aree estese della popolazione.

Al di là delle differenze anche notevoli tra i tre approcci, oggi si tende a tener presenti i risultati di tutti e tre i filoni di ricerca nel tentativo di comprendere il disagio psichico.

26.3 Normalità e patologia

Per le discipline che si occupano di salute mentale (psicologia clinica, psichiatria ecc.) è veramente fondamentale definire cosa si intende per normale e quando un comportamento o un vissuto psicologico è tale da dover essere definito come disturbo o malattia. Purtroppo il concetto di normalità non è molto chiaro, e si presta a parecchi tipi di interpretazione. Esistono criteri diversi per definire la normalità, ognuno di essi presenta lati positivi e negativi:

- **normalità come salute**: si è normali quando non si è malati. Se non vi è alcun grave stato patologico questo vuol dire che il comportamento è normale. Tale criterio, di origine medico-psichiatrica, si basa sui sintomi e sulla loro riduzione. La salute si identifica con uno stato accettabile non ottimale della persona;

- **normalità come stato desiderabile o ottimale**: contrapposto al precedente criterio, questo definisce la normalità come la condizione ideale in cui un individuo dovrebbe trovarsi. Legato a teorie psicologiche, tale criterio ritiene molto importante l'auto realizzazione del singolo, la piena funzionalità, la maturazione della personalità. L'approccio che ne deriva non si limita alla cura dei sintomi, ma si indirizza verso obbiettivi ambiziosi, spesso solo in parte raggiungibili;
- **normalità come media statistica**: questo criterio nasce dall'uso di strumenti statistici. Se viene misurata una qualsiasi caratteristica umana i suoi valori cadranno lungo una curva "normale" o "a campana" (curva di Gauss).

DISTRIBUZIONE "NORMALE" O DI GAUSS

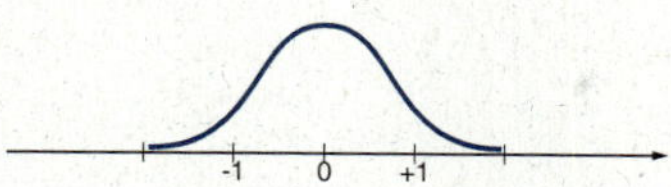

In una concezione puramente statistica i due estremi della curva (code) rappresentano l'anormalità. Nel campo della salute mentale spesso è la coda più bassa che indica la patologia (ad esempio quozienti intellettivi molto bassi sono patologici, mentre quelli molto alti, anche se "anormali" non sono considerati patologici);

- **normalità come accettabilità sociale**: questo criterio nasce dalla premessa che un comportamento può essere giudicato solo in riferimento al contesto sociale in cui ha luogo. Ci si comporta in un certo modo in base alla società di cui si fa parte. La patologia è data dai comportamenti che gli altri non accettano. Questo approccio è molto diffuso nel senso comune ma presenta parecchi rischi. La normalità può essere confusa con il conformismo. Invero, la capacità di andare contro corrente può essere in molti casi un segno di sanità e creatività, mentre una rigida aderenza alle norme sociali può indicare uno stato patologico.

Come si vede, non è semplice definire la normalità, anche se oggi gli psicologi clinici e gli altri specialisti della salute mentale hanno elaborato alcuni punti che permettono di orientare il giudizio clinico. In primo luogo si ritiene comunemente che non esistano due poli definiti, la normalità e la patologia, ma che tutti i fenomeni si sviluppano lungo un continuum.

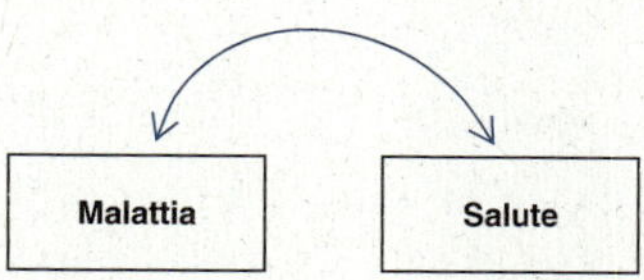

Lo stato di ogni persona tende a oscillare lungo questo continuum e, a seconda del momento, degli eventi, dello stato mentale, delle relazioni e del contesto ambientale, assicura uno stato maggiore o minore di benessere.

Lo stato mentale necessita di una serie di funzioni psicologiche quali:

- senso di identità e sviluppo del sé;
- maturazione psicologica;

- integrazione ed equilibrio delle forze psichiche, grazie al funzionamento delle principali funzioni psicologiche e alla capacità di simbolizzazione, ovvero la capacità di tradurre le spinte pulsionali in prodotti mentali (sogni, fantasie, pensieri ecc.);
- autonomia, fiducia in se stessi, autorealizzazione;
- percezione della realtà e buon adattamento all'ambiente;
- capacità di stabilire relazioni con gli altri.

Un altro punto essenziale perché ci sia il benessere psichico è l'assenza di sintomi di disagio psichico e di malattie mentali (definite da apposite classificazioni, si veda a riguardo il capitolo 27).

In ultimo, per comprendere se un comportamento può essere più o meno "normale", occorre fare riferimento al contesto in cui si esprime, con una visione ecologica della salute mentale.

27 LA DIAGNOSI

IN SINTESI: LA DIAGNOSI

La diagnosi in psicologia clinica è un'attività complessa e molto importante. Esistono delle modalità di classificazione delle malattie mentali (DSM, ICD), ma non sono sufficienti per lo psicologo clinico, che deve essere capace di cogliere sia gli aspetti di disagio che i punti di forza di una persona.

Nosografia: descrizione sistematica delle malattie che ha come scopo la loro classificazione e diagnosi.

DSM: Classificazione dei disturbi mentali della associazione degli psichiatri americani (A.P.A.).

ICD: Classificazione dei disordini mentali e comportamentali della Organizzazione Mondiale della Sanità (O.M.S.).

27.1 La diagnosi in psicologia clinica

Definire le caratteristiche delle malattie mentali e dei disturbi psichici racchiudendoli in quadri diagnostici è sempre stato un serio problema per tutte le discipline che si sono occupate di salute mentale. La nosografia delle malattie mentali, ovvero la descrizione sistematica di tutti i quadri clinici e la loro classificazione, ha prodotto, nel corso dei decenni, una pluralità di classificazioni spesso tra di loro scarsamente compatibili.

Negli anni Cinquanta l'*Associazione degli Psichiatri Americani* (**APA**) si impegnò in un ampio lavoro di classificazione che portò alla costruzione del primo *Manuale diagnostico e statistico dei disturbi mentali*, meglio noto con la sigla **DSM** (*Diagnostical and Statistical Manual of mental Disorders*).

L'Organizzazione Mondiale della Sanità (**OMS**), dal canto suo, all'inizio degli anni Sessanta, con il contributo di esperti provenienti da molti paesi, produsse una *Classificazione internazionale delle sindromi e dei disturbi psichici e comportamentali*, in sigla **ICD** (*Classification of Mental and Behavioral Disorders: Clinical Descriptions and Diagnostic Guidelines*). Sia i DSM che l'ICD sono stati negli anni aggiornati. Attualmente è in uso la quarta edizione del DSM e la decima edizione dell'ICD. Le due classificazioni hanno molti punti in comune, anche se non sono sovrapponibili. In particolare entrambe basano la classificazione su una descrizione comportamentale molto dettagliata, ed escludono altri elementi delle malattie mentali, come: cause, teorie, modelli interpretativi che in passato avevano reso pressoché impossibile il confronto sui criteri diagnostici. Particolarmente interessante è l'uso, nelle ultime versioni del DSM, degli **assi diagnostici**, ossia descrizioni basate su criteri differenti (gli assi) che permettono di definire i quadri clinici cercando di salvaguardare la complessità di ogni singola situazione. Questo permette di avere diagnosi poli-dimensionali che valutano il paziente da più punti di vista.

Le classificazioni in uso, pur essendo strumenti molto raffinati e utili, non esauriscono il lavoro diagnostico dello psicologo clinico. Il lavoro terapeutico dello psicologo, infatti, rivolto sia al singolo sia a coppie, famiglie, gruppi o piccole comunità, deve basarsi su una adeguata conoscenza dei limiti e delle difficoltà, ma anche delle potenzialità e dei punti di forza. Per questo motivo la diagnosi psicologico-clinica non può basarsi solo sui sintomi, ma anche sulle funzioni psicologiche non intaccate dalla malattia e/o dal disagio psichico. Per far questo lo psicologo clinico di solito fa riferimento a una teoria della personalità (o del sistema, quando si occupa di realtà complesse) che gli permette di avere una visione d'insieme sia degli aspetti positivi sia delle aree disturbate o problematiche. Ad esempio, di fronte a una persona con sintomi di ansia, si constaterà il sintomo e la sua intensità, il disturbo o disagio che lo determina, ma anche altri aspetti, come le capacità cognitive, il maggiore o minore senso di realtà, la presenza/assenza di handicap psicofisici, la capacità di costruire relazioni sociali ecc.

Quando si chiede aiuto a uno psicologo clinico?

Di solito le persone si recano da uno psicologo clinico o perché psicologicamente sofferenti o perché consigliate/spinte da persone del proprio ambiente. Quasi mai hanno però chiaro il motivo per cui arrivano nello studio o nell'ambulatorio dello specialista. Secondo molti psicologi clinici infatti la prima parte del lavoro consiste nella "analisi della domanda". Lo psicologo e il suo cliente approfondiscono insieme quali sono i reali motivi che hanno portato al loro incontro. Spesso dalla analisi della domanda emergono nuove questioni o motivi di disagio, prima sottovalutati o tenuti nascosti in modo poco cosciente. Nel lavoro di analisi della domanda viene poi compresa meglio la reale motivazione a un intervento psicologico (ad esempio una psicoterapia). In alcuni casi infine può essere cambiato l'oggetto di intervento: ad esempio, analizzando i motivi di disagio di un adolescente si può arrivare alla conclusione che è più opportuna una terapia con l'intera famiglia.

Solo quando il quadro diagnostico sarà sufficientemente definito lo psicologo potrà proporre, se necessaria, una forma di intervento. Per raccogliere dati si ricorre a varie tecniche: colloquio clinico, test psicometrici, osservazione. Le tecniche basate sul **colloquio** sono diverse. Ad esempio, il colloquio può essere molto strutturato, con la forma di una intervista, o quasi completamente libero. I **test psicologici** sono strumenti che raccolgono dati da confrontare con campioni di riferimento o per lo meno con i criteri dettati da una teoria psicologica. L'**osservazione** infine è una modalità molto utile in tutte quelle situazioni in cui il contatto diretto o la interazione può essere poco produttiva se non impossibile (bambini, specie se piccoli, gravi malattie mentali, indagini neuro psicologiche).

28 PSICOLOGIA DIFFERENZIALE

IN SINTESI: PSICOLOGIA DIFFERENZIALE

La psicologia differenziale studia le differenze esistenti tra gruppi definiti in base a variabili come il sesso e l'età. È una disciplina applicativa che si è sviluppata in tre direzioni: l'approccio statistico (psicometria e test), quello psicodinamico e di personalità (tipologia), e l'approccio psicopedagogico (psicopedagogia speciale, studio dei diversi stili cognitivi).

Psicologia differenziale: branca della psicologia applicata che si occupa delle differenze tra individui, gruppi, sessi, classi di età e sociali, culture ed etnie.

Test mentale: una situazione-stimolo standardizzata che permette di valutare le risposte del soggetto e le sue caratteristiche psicologiche confrontandole con un campione.

Psicometria: settore della psicologia che ha il compito di tradurre in termini quantitativi aspetti della attività psichica e della personalità.

Tipologia: descrizione di tipi psicologici definiti sulla base di caratteristiche comuni.

Stile cognitivo: strategia usata stabilmente da un individuo per elaborare le informazioni.

28.1 Psicologia differenziale

La psicologia differenziale è un settore della psicologia applicata che studia natura e grandezza delle differenze nel comportamento e nei processi psichici. La disciplina prende in considerazione le differenze tra individui, gruppi, sessi, classi di età, classi sociali, culture ed etnie. Una delle principali spinte teoriche a questo tipo di studi è venuta dalle tesi di Charles Darwin sulla evoluzione. Il naturalista inglese riteneva infatti che l'evoluzione delle specie è dovuta alle differenze individuali tra membri della stessa specie. Dopo i primi pionieristici studi di Francis Galton (studio sulle caratteristiche degli individui geniali rispetto alla popolazione totale) e di William Stern (vero fondatore della disciplina, a lui si deve tra l'altro il concetto di Quoziente Intellettivo o Q.I.), la psicologia differenziale si sviluppò in tre direzioni principali, l'approccio statistico, quello psicodinamico e quello psicopedagogico.

28.2 Psicometria e test mentali

Nel tentativo di definire le caratteristiche di determinati gruppi di individui, gli psicologi adottarono metodi di tipo statistico. Studiando l'intelligenza, Alfons **Binet**, psicologo francese, mostrò che le differenze individuali anziché formare categorie distinte, si distribuiscono lungo una scala continua in cui la maggior parte delle persone ha valori medi e solo una minoranza ha valori al di sopra o al di sotto della media. Tale distribuzione è ben rappresentata dalla curva a campana di Gauss. La **psicometria** è appunto la branca della psicologia che tenta di tradurre in termini numerici e quantitativi gli aspetti dell'attività psichica o della personalità (normale e patologica) che altrimenti resterebbero oggetto di una valutazione soggettiva e descrittiva. I metodi psicometrici si avvalgono di scale di valutazione e di reattivi mentali o test. Un test è una situazione stimolo standardizzata che permette di valutare le risposte di un singolo soggetto grazie al confronto con un campione di riferimento. Questo significa che una certa prova (ad esempio una serie di domande, delle verifiche su capacità cognitive ecc.) viene proposta a tutti i soggetti allo stesso modo. I risultati di ognuno verranno poi comparati con tabelle che riportano i valori medi del campione di riferimento. Un test, per essere considerato tale, deve possedere i seguenti requisiti:

- **validità**: un test è valido se misura realmente quello che dice di misurare;
- **attendibilità**: un test è attendibile se tutte le misurazioni sono coerenti e fedeli, non dovute al caso;

- **standardizzazione**: un test necessita di criteri standard di riferimento;
- **strutturazione e formalizzazione**: un test deve avere criteri di somministrazione sempre uniformi.

Inoltre, un buon test deve essere economico (nel senso che raccoglie in poco tempo più informazioni rispetto ad altre tecniche psicologiche), pratico, facilmente fruibile, maneggevole da un punto di vista etico (non mettere in difficoltà per motivi etici chi decide di utilizzarlo). Esistono molti tipi di test, in settori diversi. Ci sono test di intelligenza, di personalità, test legati a singole funzioni o capacità, test neuropsicologici, test legati alle relazioni sociali ecc.

IL QUOZIENTE INTELLETTIVO

La psicologia applicata ha promosso sin dall'inizio della sua storia le ricerche sulle funzioni cognitive e sull'intelligenza. Sebbene tuttora non sia stato definito in modo univoco cosa si intenda per intelligenza, già all'inizio del Novecento in Francia Alfred Binet, dopo aver definito il concetto di età mentale (età posseduta da un individuo che ha capacità intellettive pari a quelle di un gruppo di riferimento con una certa età cronologica: ad esempio un bambino di 10 anni con capacità pari a quello di un gruppo di dodicenni avrà una età mentale di dodici anni), costruì una scala di intelligenza (scala di Binet-Simon). Questa scala si basava sulle capacità medie raggiunte da bambini e ragazzi di una certa classe d'età. Punteggi più alti o più bassi della media indicavano una discrepanza tra età mentale ed età cronologica. Lewis M. Terman, americano, aggiornò il concetto di età mentale utilizzando quello di Quoziente intellettivo: un indice che è il rapporto tra età mentale ed età cronologica (QI = EM/EC x 100). Una ulteriore modifica è stata quella di utilizzare il QI di deviazione, costruito fissando i punteggi a ciascuna età cronologica, in modo che il punteggio medio fosse pari a 100 per ogni classe di età. Negli Stati Uniti sono state costruite diverse scale di intelligenza che, per rendere più attendibile l'indice, calcolano il QI basandosi su scale sia di tipo verbale sia di tipo non verbale. Il Quoziente di Intelligenza risulta così composto da un Quoziente Intellettivo Verbale e da uno di Performance o Non Verbale. Il QI è stato oggetto di molte critiche, sia relative alla sua effettiva capacità di misurare l'intelligenza, sia sull'uso eticamente scorretto che in alcuni casi se ne è fatto.

L'uso dei test e l'approccio psicometrico in psicologia clinica è stato molto dibattuto. In sintesi si può dire che, evitando entusiasmi eccessivi o pregiudizi basati sulla non conoscenza degli strumenti, i test psicologici costituiscono un valido ausilio per lo psicologo clinico.

28.3 Teorie della personalità

La psicologia differenziale ha contribuito con le sue ricerche allo studio della personalità, fornendo dati empirici a diverse teorie della personalità. Studiando le differenze individuali alcuni psicologi hanno costruito delle **tipologie**, ossia modalità che permettono di raggruppare diverse caratteristiche in un unico quadro coerente, il **tipo psicologico**. Una delle tipologie più famose è stata costruita da Carl Gustav Jung. Si tratta di un modello psicodinamico che, partendo da quello che per Jung è l'*atteggiamento* (orientamento verso il mondo esterno: estroversione; orientamento verso il mondo interno: introversione) combinato con la *funzione* (manifestazione della libido; per Jung le funzioni possono essere quattro in tutto: due razionali, pensiero e sentimento, due irrazionali, sensazione e intuizione) determina otto tipi psicologici. A seconda del prevalere dell'una o dell'altra caratteristica si hanno tipi che basano la loro vita psicologica maggiormente su dati oggettivi (estroverso) o sulla risonanza soggettiva che gli stessi dati producono (introverso), e che si confrontano con il mondo utilizzando maggiormente valutazioni (funzioni razionali) o percezioni (funzioni irrazionali).

28.4 Stili cognitivi

In campo psicopedagogico la psicologia differenziale ha sviluppato, sin dai primi anni del Novecento, ricerche e strumenti per definire quando e di quanto le capacità di un singolo alunno si allontanano da valori attesi (psicopedagogia speciale o differenziale). Anche se gli orientamenti attuali sono cambiati (ad esempio da molti anni non esistono più le classi differenziali alle quali si veniva destinati sulla base di criteri di psicopedagogia speciale), questi contributi conservano una loro validità soprattutto per una programmazione scolastica individualizzata.

Lo svantaggio socio-culturale può apparire come una differenza individuale?
Una delle critiche più forti rivolte ai test psicologici è stata quella di un utilizzo finalizzato all'emarginazione degli appartenenti alle classi sociali più povere e per questo marginali rispetto alla cultura della classe media.
Le classi differenziali, esistenti in Italia fino al 1975, furono abolite anche perché molte ricerche avevano evidenziato che erano frequentate da bambini giudicati insufficienti mentali mentre molto spesso in realtà provenivano semplicemente da famiglie meno abbienti. Attualmente il problema si è riproposto con l'ingresso nella scuola di molti bambini stranieri. È evidente che un esame basato sulle pure capacità cognitive i cui risultati siano poi confrontati con i valori di un campione italiano comporta il rischio di un serio errore di valutazione: molti alunni potrebbero essere valutati come insufficienti mentre, più semplicemente, provengono da culture diverse. Studiare ogni singolo caso utilizzando un punto di vista più ampio (approccio ecologico) può essere una strategia per evitare grossolani errori di valutazione.

In campo psicopedagogico la psicologia differenziale ha fornito nuovi contributi studiando i diversi **stili cognitivi**. Tra le principali ricerche si ricordano quelle relative alla variabile campo dipendenza/campo indipendenza e quelle relative al ritmo concettuale e alla variabile impulsività riflessività.

28.4.1 Variabile campo dipendenza/campo indipendenza

Negli anni Cinquanta e Sessanta, partendo da ricerche classiche della psicologia della Gestalt, Herman A. Witkin, del Dipartimento di Psichiatria dell'Università di New York, dette avvio agli studi sulla dipendenza/indipendenza dal campo. Per *campo* si intende una totalità organizzata di cui si fa esperienza e che in un dato momento fa da ambiente psicologico. Witkin con i suoi collaboratori si rese conto che esistono due modalità con cui il singolo individuo si relaziona con il campo. Alcuni soggetti sono **dipendenti dal campo**, ovvero hanno un approccio globale alle esperienze. Questo vuol dire che gli appartenenti a questo gruppo non riescono a considerare gli elementi che hanno davanti isolatamente e fanno fatica a scomporre la realtà in pezzi e ad analizzarne le singole parti.

I soggetti **indipendenti dal campo** hanno un approccio analitico alle esperienze. Essi prescindono facilmente dal contesto e dall'organizzazione con cui gli stimoli si presentano, sanno concentrarsi su ciò che interessa loro e mostrano capacità analitiche più spiccate. La dipendenza/indipendenza dal campo è una qualità percettiva che si manifesta nel momento in cui l'individuo elabora gli input (riconoscimento ed esame dei dati in ingresso). Tuttavia questa caratteristica sembra collegata ad altri aspetti psicologici, come lo stile cognitivo e la personalità. Non si è nettamente campo dipendenti o indipendenti: di fatto ogni persona si colloca lungo un continuum esistente tra i due poli estremi.

28.4.2 Ritmo concettuale e variabile impulsività/riflessività

Uno psicologo americano, Jerome **Kagan**, ha iniziato a indagare un particolare aspetto dei processi cognitivi, il **ritmo concettuale**. Con questa espressione si intende il tempo che un bambino o una persona si dà per risolvere le incertezze. Si tratta del modo in cui ognuno si gestisce nei compiti cognitivi, ossia uno stile di autocontrollo dell'attenzione. Il ritmo concettuale non va confuso con la velocità di elaborazione delle informazioni, anche se i due meccanismi sono tra di loro collegati. La velocità di elaborazione è una capacità mentale grezza, il ritmo concettuale è lo stile con cui ognuno si rapporta alla soluzione dei problemi, lo stile che si dà. Kagan ha studiato la dimensione impulsività/riflessività. A parità di velocità di elaborazione, ci sarà chi avrà un ritmo concettuale più alto, risultando impulsivo (maggior numero di errori) e chi, utilizzando tempi più lunghi, risulterà riflessivo (accuratezza e minor numero di errori). Nel grafico successivo sono riportati quattro raggruppamenti relativi a questo stile cognitivo.

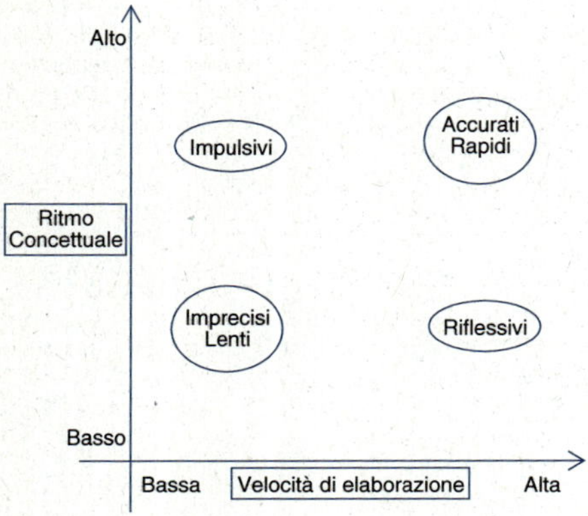

Il ritmo concettuale influenza lo sviluppo cognitivo: lo si può osservare fin dai primi mesi di vita e accompagna la persona fino all'età adulta.

29 LA TERAPIA

IN SINTESI: LA TERAPIA

La psicoterapia è una delle principali forme di terapia in campo psicologico. Può essere indirizzata al singolo (adulto o bambino), alla famiglia, a piccoli gruppi appositamente costruiti. Esistono molti tipi di psicoterapia, frutto di modelli teorici diversi: psicoanalisi e approccio psicodinamico, terapie comportamentali e cognitiviste, approccio non direttivo, umanistico, esistenziale, sistemico, gestaltico.

Psicoterapia: terapia per disagi psichici, problemi psicologici e malattie mentali basata su mezzi psicologici e sulla relazione tra paziente e terapeuta.

Psicoanalisi: terapia psicologica nata dalle teorie di Sigmund Freud che si pone come obbiettivo la comprensione della realtà interna del paziente. Dalla psicoanalisi sono nati molti tipi di psicoterapie.

Terapie comportamentali: terapie basate prevalentemente su tecniche di condizionamento e decondizionamento per la modifica di sintomi e comportamenti.

29.1 Psicoterapia individuale, familiare, di gruppo

La psicologia clinica ha diversi strumenti per attuare un intervento psicologico (psicodiagnosi, consulenze, interventi di sostegno ecc.). La **psicoterapia**, trattamento psicologico che ha come obiettivo il cambiamento di una condizione di disagio e/o di malattia, è una delle forme di intervento più diffuse e allo stesso tempo più complesse della psicologia clinica. Esistono molte forme di psicoterapia, legate ai diversi modelli teorici che si esporranno nei paragrafi successivi.

Le psicoterapie possono essere catalogate anche in base a durata e frequenza, o sulla base dei soggetti a cui si rivolgono. Si distinguono così le **psicoterapie brevi e brevissime**, psicoterapie che prevedono pochi incontri tra cliente e psicoterapeuta (di solito da uno a dodici), con un obbiettivo limitato e ben definito (ad esempio la soluzione di un sintomo); le **psicoterapie a medio termine**, trattamenti di solito con frequenza settimanale, una durata che può essere all'incirca di un anno, e l'obbiettivo di migliorare la situazione del cliente, affrontando sia i sintomi che i temi psicologici personali legati al disagio; le **psicoterapie a lungo termine**, di solito con una durata che si protrae per diversi anni (nel caso della psicoanalisi anche a una decina di anni), con una frequenza che può essere da due a cinque sedute settimanali. L'obiettivo in questo caso è quello di non limitarsi a aspetti psicologici di superficie, ma di coinvolgere le strutture principali della personalità dell'individuo.

Le psicoterapie possono essere classificate sulla base dei soggetti a cui sono indirizzate. Esistono psicoterapie individuali, familiari e di coppia, psicoterapie di gruppo, psicoterapie infantili. Le **psicoterapie individuali** sono le più comuni. A seconda del modello teorico del clinico, ci sarà una diversa organizzazione degli incontri (ad esempio la durata del colloquio stabile o variabile, uso della poltrona, del lettino, della scrivania, tecniche esclusivamente verbali o anche non verbali ecc.).

La **psicoterapia di coppia e familiare** si rivolge a coppie o nuclei familiari. In questo caso il tema affrontato non è la difficoltà di un singolo individuo, ma il cattivo funzionamento di un sistema. Quasi sempre il terapeuta prende in considerazione la comunicazione e i problemi che si manifestano nelle relazioni. La **psicoterapia di gruppo** si rivolge a un gruppo di pazienti ed è condotta di solito da un unico terapeuta. I gruppi possono essere composti in molti modi, possono essere gruppi omogenei (ad esempio pazienti con un unico sintomo) o misti, e più o meno numerosi (di solito da quattro a dodici componenti). Gli obiettivi dipendono dalle scelte del terapeuta: alcuni clinici si occupano principalmente delle difficoltà dei singoli membri, altri intervengono solo sul gruppo e sul suo funzionamento, trattandolo come un unico sistema e partendo dal presupposto che una buona esperienza in gruppo permetta ai singoli di ottenere cambiamenti individuali. La **psicoterapia infantile** solitamente è un trattamento individuale con caratteristiche però molto diverse da quelle previste per un adulto. In questo caso si utilizza di solito una stanza giochi che permette al bambino di esprimersi con attività ludica più che con le parole.

Come si diventa psicoterapeuti?

Nel 1989 la legge che regolamentava la professione dello psicologo (legge 59/89) ha regolamentato anche la professione dello psicoterapeuta e il suo iter formativo. Oggi in Italia si diventa psicoterapeuti dopo aver conseguito la laurea in psicologia o in medicina e dopo aver frequentato un corso di specializzazione almeno quadriennale. È interessante notare che i corsi di specializzazione sono sia pubblici (scuole di specializzazione universitaria in psicologia clinica) sia privati. Le scuole di formazione privata devono però essere riconosciute idonee da una apposita commissione ministeriale.

29.2 I diversi approcci psicoterapeutici

Esistono molte scuole e modelli in psicoterapia. Alcuni sono affermati da molti decenni, altri si rifanno a teorie recenti nate nel campo della psicologia clinica. Non è facile in generale orientarsi tra tante posizioni e approcci diversi. Di seguito si riportano le correnti principali.

29.2.1 Approccio psicodinamico

In questo filone rientrano le tante scuole generatesi dopo le rivoluzionarie teorie di Sigmund Freud. La psicoanalisi nacque alla fine dell'Ottocento come psicoterapia riservata a pazienti adulti con un buon contatto con la realtà e con problemi emotivi dei quali erano consapevoli. Il trattamento era basato sulla parola e sul tentativo, grazie alle libere associazioni (parlare di tutto quello che passa per la testa) di rendere coscienti i motivi inconsci della malattia. Questo tipo di pazienti per molto tempo sono stati chiamati nevrotici. Nel corso del ventesimo secolo la psicoanalisi e le varie tecniche psicoanalitiche da essa derivate, hanno affrontato molti altri tipi di problemi psicologici e malattie mentali, dalle psicosi alle psicopatie, dai disturbi dei bambini anche molto piccoli agli interventi in caso d'urgenza. Questo è stato possibile perché gli approcci psicodinamici sono stati modificati rispetto alla impostazione iniziale. Freud utilizzava il famoso lettino e il suo trattamento prevedeva quattro o cinque sedute settimanali. Attualmente si pratica ancora questo tipo di terapia accanto però ad altre forme che si differenziano a seconda delle patologie e delle caratteristiche del paziente (ad esempio sedute meno frequenti, uso delle poltrone con posizione *vis a vis*, stanza giochi per i bambini ecc.).

29.2.2 Approccio comportamentistico e cognitivo-comportamentale

Le teorie comportamentiste hanno largamente dominato la psicologia scientifica nella prima metà del ventesimo secolo, progressivamente sostituite grazie alla rivoluzione cognitivista a partire dagli anni cinquanta. Il comportamentismo ha espresso un modello terapeutico basato sulla soluzione dei sintomi e sulla modifica del comportamento. Queste terapie si basano su tecniche di condizionamento e decondizionamento, dove un comportamento positivo viene associato a un rinforzo positivo e viceversa. L'approccio cognitivo-comportamentale, pur partendo dall'analisi del comportamento, cerca di comprendere quali sono i processi mentali e gli schemi cognitivi legati a questo o quell'atto. La terapia si basa così sul tentativo di analizzare le incongruenze logiche che portano a comportamenti disfunzionali.

29.2.3 Approccio non direttivo

Questo approccio è nato dal lavoro di uno psicoterapeuta americano, Carl **Rogers**, che chiamò il suo modello **Terapia centrata sul cliente**. Il tentativo è quello di creare un rapporto accettante e paritario tra paziente e terapeuta, in modo da favorire l'auto-accettazione. Tradizionalmente in questo approccio il terapeuta è non direttivo ed evita con cura giudizi, consigli, prescrizioni, posizioni nette.

29.2.4 Approccio umanistico-esistenziale

La psicologia umanistica considera l'uomo un essere, capace di autodeterminarsi, in grado di formulare progetti, valutazioni, opinioni. Questo approccio, grazie alla relazione terapeuta-paziente, si propone di motivare l'individuo alla crescita personale e all'autonomia (**Movimento del potenziale umano**). L'approccio esistenziale, vicino a quello umanistico, non si definisce come un sistema di terapia, ma come un atteggiamento terapeutico. Compito dello psicoterapeuta è comprendere la realtà esistenziale dell'individuo e favorire, grazie all'incontro nella coppia terapeutica, il superamento del vuoto esistenziale.

29.2.5 Approccio sistemico

Gli studi sulla comunicazione e sui disturbi della comunicazione hanno portato allo sviluppo dell'approccio sistemico, utilizzato soprattutto nella psicoterapia familiare. Il terapeuta (o i terapeuti, spesso sono necessarie più figure) cerca nel sistema con cui entra in relazione le distorsioni relazionali e cerca di correggere con tecniche basate su un uso sapiente della comunicazione o con prescrizioni che, accentuando il carattere distorto di un sintomo o di un comportamento, permettono di modificarlo (ad esempio invito a fare proprio quello che si vuole eliminare: prescrizione paradossale del sintomo).

29.2.6 Approccio gestaltico

Partendo dalla teoria della Gestalt, questo approccio tenta una ridefinizione del modo in cui la persona percepisce la realtà. La terapia non indaga tanto sul passato della persona, quanto sulla condizione attuale ("qui ed ora"), sulle relazioni emotive quotidiane e su quelle che si verificano nel corso della seduta. Molte tecniche di questo approccio, chiamate "giochi", tendono a facilitare l'espressione delle emozioni del paziente.

30 LE SCUOLE E GLI AUTORI

IN SINTESI: SCUOLE E AUTORI

Scuole psicodinamiche e psicoanalisi: inconscio.
Orientamento umanistico: autorealizzazione del proprio potenziale umano.
Scuola di Palo Alto: approccio sistemico e relazionale.
Terapia comportamentale: condizionamento e decondizionamento del sintomo.
Terapia cognitivista: schemi mentali e sintomo.
Approccio fenomenologico-esistenziale: il vissuto del paziente.
Terapia della Gestalt: terapia del "qui ed ora".

30.1 Scuole psicodinamiche e psicoanalisi

La psicoanalisi e le scuole psicodinamiche studiano i processi mentali dell'individuo. Considerano la patologia come un'alterazione dei rapporti tra le diverse forze psicologiche che agiscono nell'individuo, che comunque sono tra di loro in un rapporto mai statico, ma, appunto, dinamico. Sigmund Freud è il fondatore della psicoanalisi. Sebbene prima di lui già ci fossero conoscenze sui processi dinamici, Freud per primo costruisce una teoria completa che permette di spiegare sia il funzionamento normale sia la patologia mentale. In realtà la produzione scientifica di Freud è molto ampia (ha scritto per più di cinquanta anni). Si riconoscono così diversi modelli nel corso dello sviluppo della sua ricerca. Il primo modello è quello basato sullo studio dell'inconscio:

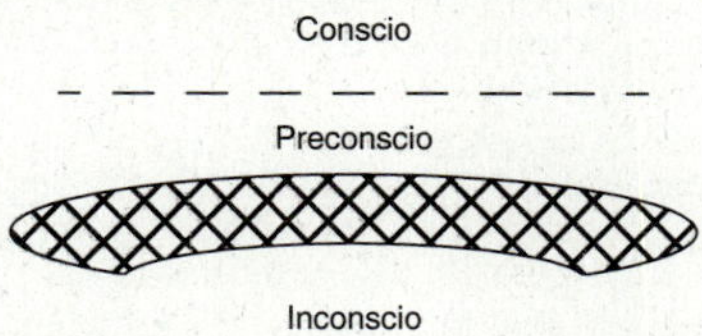

Freud, partendo dagli studi sull'isteria, ha sostenuto a lungo che i sintomi provengono da un conflitto tra i contenuti che sono rimossi e relegati in una area mentale chiamata Inconscio, e modalità di funzionamento cosciente. La tecnica psicoanalitica, basata sulle libere associazioni, sullo studio di sogni e lapsus, cercava di superare il conflitto rendendo cosciente ciò che è inconscio. Negli anni venti Freud elabora un secondo modello, chiamato strutturale. Con tale sistemazione egli offre una teoria completa della struttura della personalità secondo i principi psicoanalitici:

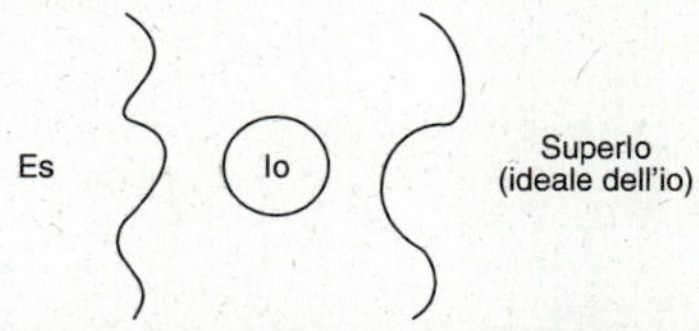

Secondo questo modello la persona vive in costante equilibrio tra richieste provenienti dal suo mondo istintuale (Es) e richieste provenienti dalle sue istanze morali (SuperIo) e dai modelli a cui mira (ideale dell'io). L'Io gestisce questi rapporti grazie a propri meccanismi, le **difese dell'Io** e le **funzioni dell'Io**.

Le scuole psicodinamiche si sono caratterizzate sia per la vivacità teorica, sia per gli scontri tra teorie e persone che hanno dato origine a scuole diverse. Sin dai primi anni del Novecento si sono staccati dalla psicoanalisi due autori di spicco, Carl Gustav **Jung** e Alfred **Adler**: Jung approfondisce ed estende gli studi sull'Inconscio, arrivando a teorizzare un collegamento tra la realtà personale e quella dell'intera umanità (inconscio collettivo). Le sue teorie cliniche si concentrano sul processo di **individuazione**, percorso personale che porta alla maturazione della personalità. Adler centra il suo interesse sul **senso di inferiorità**, processo che determinerebbe, anche per ipercompensazione, lo sviluppo della personalità.

Dagli anni Quaranta la psicoanalisi riceve il contributo originale di molti autori che da un lato arricchiscono la teoria iniziale, dall'altro consentono un approccio terapeutico a malattie mentali come la psicosi, la schizofrenia, l'autismo, prima considerate intrattabili. Si ricorda la **Psicologia dell'Io**, sviluppatasi soprattutto negli Stati Uniti, la **Scuola inglese**, con il fondamentale contributo di Melanie **Klein** allo studio dei processi psichici dei bambini, studi di autori come Anna **Freud**, Wilfred **Bion**, Donald **Winnicott**. Opere principali: S. Freud: *L'interpretazione dei sogni* (1899); *Introduzione alla psicoanalisi* (1915-1917); *L'Io e l'ES;* C. G. Jung: *Tipi psicologici* (1921); *Psicologia dell'inconscio* (1943); A. Adler: *Prassi e teoria della psicologia individuale* (1918); A. Freud: *L'Io e i meccanismi di difesa* (1936); M. Klein: *Scritti 1921-1958.*

30.2 Orientamento umanistico

Nella psicologia umanistica rientrano diversi autori, accomunati dalla critica alla psicologia positivista e fautori di una psicologia più umana. Abraham **Maslow**, a tal proposito, ha parlato di una terza forza, opposta ai tradizionali approcci psicoanalitico e comportamentista. Maslow è uno degli esponenti della psicologia umanistica. Il suo modello considera l'uomo in modo positivo: ogni essere, anche se sofferente, è in grado di formulare progetti, valutazioni, opzioni, e ha diritto all'autodeterminazione. Le posizioni di Maslow hanno dato origine al **Movimento del potenziale umano** (*Human Potencial Movement*) che ha coinvolto migliaia di persone normali, desiderose di una maturazione personale.

Un autore vicino alla posizione umanistica è Carl R. **Rogers**. Questo psicologo americano, fondatore della **Terapia centrata sul cliente**, ha costruito il suo modello basandolo sul principio della non direttività. Nella psicoterapia rogersiana è il cliente, e non il terapista, a stabilire il ritmo di marcia e a decidere le mete della terapia. Gli psicoterapeuti rogersiani chiamano i loro pazienti clienti, e concentrano l'attenzione sulla esperienza attuale, cercando di aiutare il paziente con un atteggiamento accondiscendente che dovrebbe favorire l'autorealizzazione e lo sviluppo delle potenzialità psicologiche. Testi principali: Maslow: *Motivazione e personalità* (1954); *Verso una psicologia dell'essere* (1968); Rogers: *La terapia centrata sul cliente.*

30.3 La scuola di Palo Alto

Nei primi anni Cinquanta a Palo Alto, in California, un gruppo di studiosi, guidato dall'antropologo Gregory Bateson, intraprese uno studio sulle forme di comunicazione presenti nelle famiglie che avevano tra i propri componenti un paziente schizofrenico. Le conoscenze e le teorie della Scuola di Palo Alto, grazie soprattutto alla sistematizzazione e alla divulgazione attuata da uno dei membri del gruppo, Paul Watzlawick, hanno rivoluzionato le teorie sulla comunicazione e fornito nuove indicazioni per il trattamento psicoterapico delle famiglie. L'approccio relazionale promosso dalla scuola di Palo Alto considera la famiglia un sistema e il membro portatore del sintomo come colui che segnala la disfunzione del sistema. La terapia cura il problema modificando le relazioni familiari e non il singolo. Testi principali: Bateson: *Verso una ecologia della mente* (1972); Watzlawick e altri: *Pragmatica della comunicazione umana* (1967).

30.4 La terapia comportamentista e cognitivista

L'approccio clinico dei comportamentisti o behavioristi (dall'inglese *behavior*: comportamento) è da sempre contrapposto a quello della psicoanalisi. Per questi psicologi il sintomo non è il prodotto di un conflitto intrapsichico, ma un problema a sé stante. L'eliminazione del sintomo coincide con la guarigione. Le terapie comportamentiste sono direttamente derivate dalle scoperte scientifiche. La scoperta del condizionamento classico e del condizionamento operante, rispettivamente dovute a Ivan Petrovic **Pavlov** e a Burrhus F. **Skinner**, hanno portato a terapie che cercano di rinforzare i comportamenti ritenuti positivi ed eliminare quelli negativi. Una delle principali tecniche comportamentiste è quella della **desensibilizzazione sistematica**, particolarmente usata per la cura delle fobie. Con questa tecnica si cerca di associare allo stimolo fobico una condizione di rilassamento. Le tecniche comportamentiste sono ritenute particolarmente utili con quelle persone che sono troppo danneggiate per ricevere giovamento da psicoterapie basate sulla comunicazione verbale. Testi principali: Pavlov: *I riflessi condizionati* (1927); Skinner: *La scienza del comportamento, ovvero il behaviorismo* (1974); Joseph Wolpe: *Psychotherapy by reciprocal inhibition* (1958).

La terapia comportamentista è stata rinnovata dall'approccio cognitivo-comportamentale. La terapia cognitivista ha il suo maggior rappresentante in Aaron Temkin **Beck**; indaga principalmente sulle distorsioni del pensiero rispetto a ciò che la maggior parte degli individui considererebbe un modo realistico di pensare e interpretare la realtà, cercando poi di intervenire per modificare gli schemi mentali che causano il malessere. Testi principali: Beck: *Cognitive therapy and emotional disorders* (1976); V. F. Guidano, M. A. Reda: *Cognitivismo e psicoterapia* (1980).

30.5 Approccio fenomenologico-esistenziale

La psicologia ha posto, nelle sue ricerche, molta attenzione ai comportamenti evidenti, trascurando la esperienza fenomenologica dell'individuo. Partendo da tale presupposto, la **Fenomenologia**, corrente filosofica che studia l'esperienza che ognuno ha di se stesso e del mondo, ha proposto un nuovo approccio a chi soffre di disturbi mentali, basato sulla comprensione del vissuto psichico. Molti autori sono stati influenzati da questo punto di vista (tra i principali Rollo **May**, Frederick S. **Perls** e Abraham Harold **Maslow)**. George Alexander **Kelly** ha fondato un modello di psicoterapia, chiamato **psicologia dei costrutti personali** basato sull'orientamento fenomenologico. Vicino alla fenomenologia è l'**Esistenzialismo**, altra corrente filosofica che ha influenzato molti psicoterapeuti (tra gli altri Rollo May e Viktor E. Frankl). In particolare Frankl ha ipotizzato l'esistenza della nevrosi esistenziale, dovuta all'assenza di significato nella vita personale (vuoto esistenziale). La terapia è vista soprattutto come un incontro tra terapeuta e paziente. Testi principali: May: *La psicologia e il dilemma umano* (1967); Kelly: *The psychology of personal costructs;* Frankl: *Teoria e terapia della nevrosi* (1956).

30.6 Terapia della Gestalt

La psicologia della forma, o psicologia delle Gestalt, ha elaborato con Frederick S. Perls una teoria psicodinamica partendo dalle esperienze personali vissute al momento, nel "Qui e ora". I bisogni, se non soddisfatti, danno origine a forme non complete e conflitti psicologici. La terapia cerca di favorire il completamento delle forme, ad esempio focalizzando gli elementi significativi di una situazione in modo da mobilitare le sue energie in strategie vantaggiose. Testi principali: Perls e altri: *Teoria e pratica della psicologia della Gestalt* (1951); Perls: *L'approccio della Gestalt. Testimone oculare della terapia* (1973).

31 TEMI DI APPROFONDIMENTO

31.1 Il dibattito sull'antipsichiatria

A cosa è dovuta la malattia mentale? Esistono modelli diversi che cercano di spiegare l'origine dei disturbi psichici. Il **modello medico** tratta la malattia alla stregua di una qualunque malattia fisica. Ogni malattia mentale avrebbe una entità ben definita, con una eziopatogenesi (ossia il processo che l'ha causata), un decorso, una prognosi e un esito. I sintomi sarebbero il segno esterno, ma alla base di ogni disturbo psicologico ci sarebbe una disfunzione dell'organismo.

Il modello medico è stato criticato da diversi punti di vista. Un attacco vigoroso al modello medico è venuto dal movimento dell'**antipsichiatria**, corrente di pensiero nata in ambito psichiatrico. T. S. **Szasz** nel 1961 pubblicò un libro, subito famoso: *Il mito della malattia mentale*. Questa pubblicazione può essere considerata l'avvio del movimento antipsichiatrico. Szasz nel suo saggio sostiene che lo stesso concetto di malattia mentale è funzionale alle istituzioni psichiatriche più che alla comprensione dei processi psicologici. Invece di curare i sintomi, secondo l'autore, gli operatori della salute mentale dovrebbero tentare di comprendere il paziente e il suo punto di vista. Agli inizi degli anni Sessanta la ricerca di un sociologo americano, E. Goffman, mise in evidenza le distorsioni dell'assistenza psichiatrica. Per un anno questo coraggioso ricercatore si finse malato mentale. Fu ricoverato in un ospedale psichiatrico e poté così studiare dal punto di vista del paziente cosa avveniva in un manicomio. Il suo lucido e agghiacciante resoconto, pubblicato con il titolo *Asylums*, avviò una riflessione circa la necessità di riformare l'assistenza, passando dall'assistenza coatta o imposta d'autorità a un trattamento che permettesse di comprendere realmente il paziente. L'antipsichiatria propone un **modello socio-genetico** per spiegare le cause della malattia mentale. I disturbi psichici sono così visti come dovuti al contesto socio-culturale, etico-politico e istituzionale. L'antipsichiatria ha fortemente influenzato l'organizzazione dei servizi psichiatrici. In molti stati, grazie anche allo sviluppo della psico/farmacoterapia, c'è stata una drastica riduzione dei ricoveri psichiatrici (negli Stati Uniti i posti letto in ospedale psichiatrico si sono ridotti dal 1960 al 2000 di circa il 90%, con ricoveri che non durano più anni, ma generalmente pochi mesi). In Italia nel 1978 è stata promulgata la legge 180 che ha portato alla chiusura di tutti gli ospedali psichiatrici, sostituiti con forme alternative di terapia (centri di salute mentale, centri diurni, case famiglia e comunità alloggio). L'esperienza italiana, dovuta soprattutto all'impegno dello psichiatra Franco **Basaglia**, pur con luci e ombre, rappresenta un punto di riferimento per il movimento psichiatrico internazionale e ne ha influenzato scelte e orientamenti.

31.2 Sistemi familiari e genesi di patologie

Gli studi sulla comunicazione nelle famiglie con un paziente schizofrenico hanno dato un grande impulso alla terapia familiare. Le ricerche sono iniziate negli anni Cinquanta in California, a Palo Alto e condotte da studiosi provenienti da discipline diverse (psichiatria, antropologia, filosofia, psicologia clinica). Un ulteriore contributo è stato dato da Robert **Laing**, uno psicanalista londinese formatosi presso la *Tavistock Clinic*. Questi autori hanno supposto che l'origine dei disturbi psichici fosse da ricondurre a distorsioni relazionali e della comunicazione nella famiglia. La scuola di Palo Alto ha proposto due concetti molto importanti in tal senso. Il primo è quello di **omeostasi familiare**. Con tale definizione si intende la tendenza del sistema familiare a mantenere uno stato complessivo di equilibrio, anche se patologico. In tal senso il malessere o il comportamento deviante può essere funzionale all'equilibrio esistente. Una prova indiretta è data dal fatto che, nelle famiglie patologiche, la "guarigione" di un membro molto spesso si trasforma nella "malattia" di un altro membro familiare. Per tale motivo i terapeuti familiari che si ispirano alla scuola di Paolo Alto (approccio relazionale) ritengono che occorre modificare l'assetto dell'intera famiglia più che occuparsi del sintomo individuale. L'altro concetto è quello di **doppio legame**. Con tale definizione si intende una distorsione molto grave della comunicazione. Chi è sottoposto, in famiglia, a messaggi dati in doppio legame, riceve, in una situazione dalla quale non può sottrarsi, due messaggi tra di loro contrapposti che non possono essere seguiti senza entrare in contraddizione. Ad esempio, a un familiare si può chiedere di essere autonomo e allo stesso tempo far capire che è un incapace, e che non è in grado di fare nulla da solo. Protratta nel tempo questa grave distorsione della comunicazione può determinare, se interiorizzata dal soggetto, gravi patologie, come comportamenti stabilmente schizofrenici.

31.3 Lo svantaggio culturale come fattore di apparente differenza individuale

Negli anni Venti e Trenta la comunità scientifica negli Stati Uniti ha rivolto molte accuse ai test di intelligenza. Sociologi e intellettuali accusarono gli psicologi di attuare politiche discriminative nei confronti delle minoranze, nascondendole con la presunta scientificità degli strumenti utilizzati. La questione era in realtà complessa. Di fatto esisteva una reale spinta a preservare determinati spazi sociali dalle minoranze, evitando ad esempio che le persone di colore accedessero a certe scuole e a certi posti di lavoro, e la polemica mise in evidenza i limiti di uno strumento come il test che basa la sua validità sul confronto tra la risposta data dal singolo con un campione di riferimento. Esiste quindi il rischio, confrontando il risultato ottenuto dal membro di una minoranza con i valori medi della maggioranza della popolazione di confondere uno svantaggio culturale con una carenza individuale. Si possono fare molti esempi: un bambino appartenente a una famiglia Rom o di extracomunitari da poco trasferitisi probabilmente otterrebbe punteggi piuttosto bassi a un comune test di intelligenza. Questo non vuol dire che il bambino in questione sia un ritardato mentale, quanto piuttosto che appartiene a una cultura diversa rispetto a quella di chi ha costruito il test. Più in generale, al di fuori della polemica sui test, occorre fare sempre molta attenzione al giudizio dato sull'appartenente a una minoranza culturale. In altre parole, è utile adottare un punto di vista ecologico che vada al di là del singolo e riesca a cogliere prestazioni, risultati, comportamenti facendo riferimento sia al contesto da cui il singolo proviene, sia alle relazioni esistenti tra gruppi sociali presenti in quella determinata realtà.

Parte settima

PSICOLOGIA DEI PROCESSI COGNITIVI

32 LA CATEGORIZZAZIONE E LA FORMAZIONE DEI CONCETTI

IN SINTESI: LA CATEGORIZZAZIONE E LA FORMAZIONE DEI CONCETTI

Alla base del sapere c'è la capacità di categorizzare l'enorme quantità di stimoli presenti nell'ambiente costruendo, grazie ai concetti, classi e categorie. In questo modo l'individuo ha molti più strumenti per padroneggiare la complessità ambientale. I concetti sono in rapporto tra di loro tramite reti concettuali. Parti delle reti concettuali costituiscono gli schemi, conoscenze orientate organizzate per un certo fine cognitivo.

Concetto: lo strumento mentale che consente la categorizzazione, la rappresentazione cognitiva su cui si basa l'individuo per raggruppare gli oggetti, le persone, le esperienze in classi.

Categorizzazione: attività cognitiva che permette di raggruppare singoli elementi (un oggetto, una persona, un'esperienza) in una classe o categoria generale sulla base di un certo concetto, e di operare con essa in modo logico.

32.1 I concetti

Alla base del sapere esistono delle unità chiamate **concetti**. Ogni concetto è inserito in una fitta rete di relazioni che sono chiamate **reti concettuali**. Alcune parti del sistema concettuale sono organizzate in modo caratteristico e servono per fini specifici. Queste organizzazioni sono chiamate **schemi**.

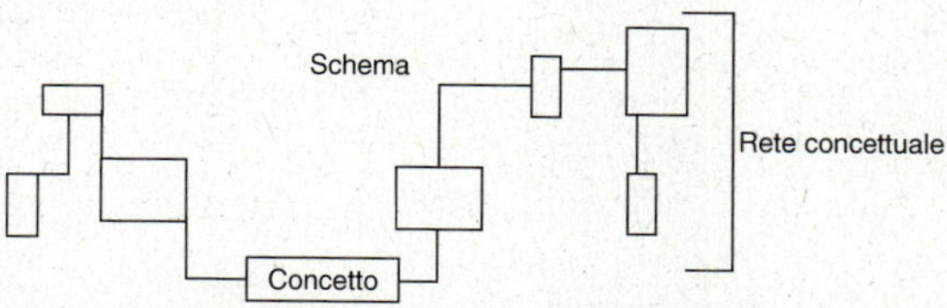

L'attività cognitiva della categorizzazione è fondamentale per la formazione dei concetti. Questo perché un individuo non opera nella propria attività mentale con entità individuali, ma tratta le informazioni per categorie. In altre parole, per poter operare mentalmente, si ricorre all'attività mentale della categorizzazione che riunifica oggetti, individui ed esperienze in classi. Ad esempio, un oggetto metallico con tre o quattro punte da un lato e un manico dall'altro verrà riconosciuto inserito nella classe "forchette" senza che sia necessario ogni volta identificarlo e riconoscerne le funzioni. Ciò permette di utilizzare l'oggetto nel modo giusto anche in un contesto nuovo e anche se l'oggetto ha forme originali rispetto a quelle già conosciute.

La categorizzazione presenta il vantaggio di padroneggiare la complessità ambientale senza consentire di venire sopraffatto. Grazie alla categorizzazione è possibile raggiungere livelli più elevati di elaborazione, facendo collegamenti, confronti, ragionamenti sulle diverse classi di oggetti.

Lo strumento mentale che consente la categorizzazione è il **concetto**, ovvero la rappresentazione cognitiva su cui ci si basa per raggruppare gli oggetti in classe. Spesso, ma non sempre, a un concetto corrisponde una etichetta verbale. Ad esempio, si può avere chiara una sensazione spiacevole, averla classificata e riconoscerla ogni volta che si presenta, senza tuttavia averle trovato un nome. Va anche detto che il concetto non deve essere confuso con il termine che lo rappresenta, perché quasi sempre è qualcosa di più astratto e profondo.

Esistono diverse teorie sui concetti. Le tre principali sono: la Teoria Classica, la Teoria del Prototipo e la Teoria degli Esemplari.

La **Teoria Classica** si è affermata negli anni Cinquanta nell'ambito della psicologia cognitiva (studi di Bruner e collaboratori). Viene chiamata classica per i rapporti con le riflessioni filosofiche risalenti anche ad Aristotele e Platone. Per questa teoria ogni concetto è una definizione, e consiste nell'insieme delle caratteristiche distintive che permettono di inserire o meno un esemplare in una singola categoria. Perché avvenga la categorizzazione il soggetto attiverebbe tre ordini di contenuto:

- definire gli attributi pertinenti, ovvero le caratteristiche salienti che consentono di includere/escludere un esemplare;
- definire i valori pertinenti a un certo attributo, ovvero specificare in che modo, con quale modalità (ad esempio criteri quantitativi e/o qualitativi ecc.) un attributo va misurato;
- definire le regole in base alle quali un elemento viene incluso/escluso da una categoria.

La teoria classica sulla formazione dei concetti è stata criticata negli anni Settanta perché considerata artificiosa. Molti esperimenti hanno raccolto prove empiriche contrarie.

La **Teoria del Prototipo**, proposta da Eleanor **Rosch** e altri negli anni Settanta, ritiene che ogni concetto è costituito da due componenti, il prototipo e la struttura della categoria. Il prototipo è la descrizione di un esemplare tipo della categoria che fa da perno centrale della rappresentazione. Il prototipo da solo non è sufficiente a costruire una categoria; altri dati si possono desumere da quegli elementi che, in rapporto con il prototipo, si discostano dalla tipicità. In questo modo si costruisce la struttura della categoria che permette di collocare i nuovi elementi in relazione con il prototipo. Rosch riteneva inoltre che le categorie sono poi tra di loro in rapporto gerarchico. Vi sono le categorie base (le principali usate nel linguaggio corrente e le prime apprese nel corso dello sviluppo) e poi le categorie sopra ordinate e le categorie subordinate.

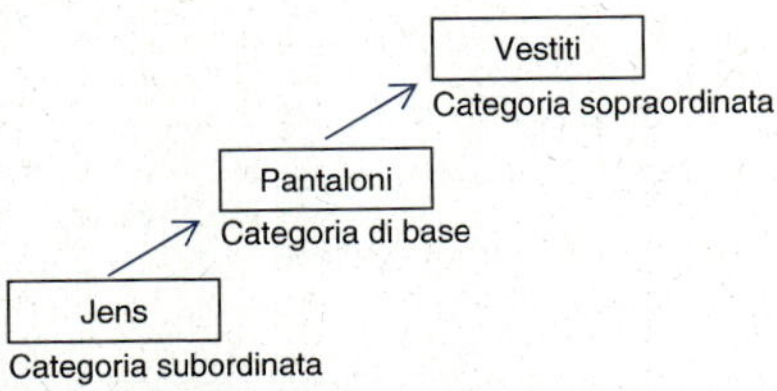

La **Teoria degli Esemplari**, sviluppata negli anni Ottanta, sostiene che un singolo concetto racchiude descrizioni accurate e valide per l'intera categoria, esemplare per esemplare. Per evitare di immagazzinare troppe informazioni la mente organizza i dati sulla base di schemi, ossia strutture a caselle predisposte per descrivere gli oggetti. Secondo la teoria degli esemplari i concetti non sono altro che tipi particolari di schemi.

Ma cosa sono gli **schemi**? Gli schemi sono strutture mentali, conoscenze orientate e organizzate per un certo fine cognitivo. Ogni schema è costituito da un gruppo di concetti, una porzione di rete concettuale. I concetti possono anche essere lontani tra di loro, ma sono collegati nel formare una unità funzionale. Ad esempio, lo schema "mano" comprende tutti i concetti che permettono di riconoscere e rappresentare una mano. Gli schemi sono plastici e flessibili e consentono di passare, al contrario dei concetti, dal generale al particolare. Se gli schemi sono una forma di collegamento tra i concetti finalizzati a uno specifico scopo cognitivo, le **reti concettuali** rappresentano le relazioni tra tutti i concetti. I concetti sono collegati tra di loro da una rete e ne rappresentano i nodi. I legami (link) tra i nodi possono essere di diverso tipo. Secondo alcuni autori l'organizzazione della rete è gerarchica (concetti di livello più alto che includono quelli di livello più basso); secondo altri l'organizzazione è basata su connessioni semantiche (i concetti sono più vicini o più lontani a seconda se si assomiglino o abbiano la capacità di chiarirsi l'uno con l'altro).

33 GENESI DEL LINGUAGGIO E SOCIALIZZAZIONE

IN SINTESI: GENESI DEL LINGUAGGIO E SOCIALIZZAZIONE
La capacità di interagire e di comunicare si sviluppa gradatamente sin dalla nascita, prima nella interazione madre/bambino, grazie a comportamenti come il pianto, il sorriso, lo sguardo, poi nel contatto con gli altri che permette di superare l'egocentrismo. Il linguaggio gioca un ruolo fondamentale nello sviluppo della socializzazione e allo stesso tempo è arricchito e interiorizzato grazie alla socializzazione. La sociolinguistica studia i rapporti esistenti tra tipo di linguaggio utilizzato e classe sociale di appartenenza.

Relazione madre-bambino: il primo e fondamentale modello di relazione diadica (tra due persone).

Linguaggio sociale: il linguaggio utilizzato nelle interazioni con gli altri. Secondo la scuola socio-cognitiva russa, esso precede il linguaggio interiorizzato individuale.

Sociolinguistica: teoria secondo la quale la struttura delle relazioni sociali determina gli usi e le scelte linguistiche di chi parla.

33.1 Genesi della comunicazione interpersonale

Il comportamento interpersonale è straordinariamente complesso e richiede un elevato e preciso intreccio di una ampia gamma di interventi messi in atto da chi vi partecipa. Attraverso quale percorso un adulto arriva a padroneggiare capacità tanto articolate? Per rispondere occorre ricostruire come un bambino sviluppa l'abilità di comportarsi adeguatamente in situazioni interattive. Per un neonato l'interazione incomincia in pratica dalla nascita. La relazione madre/bambino costituisce il primo e fondamentale modello della relazione tra due persone (diadica). Come tutte le interazioni, è caratterizzata dalla reciprocità. Si tratta, in altre parole, di un processo bidirezionale in cui a ogni mossa di uno dei due membri segue la mossa dell'altro, in un *continuum* che rappresenta la comunicazione. Le prime interazioni si basano su capacità innate del piccolo, l'orientamento corporeo e della testa, la capacità di imitare le espressioni facciali percepite, la reazione agli stimoli olfattivi. Ben presto un comportamento tipico del bambino piccolissimo, il **pianto**, viene finalizzato alla comunicazione interpersonale. Molte ricerche hanno dimostrato la capacità di differenziare il pianto in modo da comunicare, a seconda del caso, fame, rabbia, dolore. Contemporaneamente la madre impara a riconoscere le diverse forme di pianto e a comportarsi di conseguenza.

Un altro comportamento che il bambino utilizza per comunicare è il **sorriso**. Il sorriso assicura al bambino cure, attenzione, protezione. Compare intorno al secondo mese di vita, ma è rivolto in modo indifferenziato a tutti gli stimoli visivi e uditivi. Progressivamente il bambino affina la capacità di usare il sorriso in modo selettivo solo con le figure di attaccamento. Un altro comportamento utilizzato nell'interazione è lo **sguardo**. Il canale visivo è sicuramente uno dei sistemi sensoriali più evoluti alla nascita, e diventa quasi subito la principale modalità di contatto con l'ambiente. Lo scambio di sguardi tra madre e bambino è una forma tipica di comunicazione dei primi mesi di vita. Si usa lo sguardo sia per guardarsi sia per condividere l'attenzione nei confronti di un oggetto e interagire grazie a questo; ad esempio:

1. il bambino guarda una palla;
2. la madre segue lo sguardo del bambino e si rende conto di cosa gli interessa;
3. la mamma chiama "palla" l'oggetto rivolgendosi al piccolo, oppure glielo avvicina.

Le competenze interattive, durante la prima infanzia, si sviluppano grazie a comportamenti come il pianto, il sorriso, lo sguardo.

Nella seconda infanzia lo scoglio da superare per il bambino è il suo egocentrismo. Infatti, perché ci sia comunicazione, occorre reciprocità di prospettiva tra le persone coinvolte nella comunicazione. Il bambino tra i due e i sei anni è portato a considerare un unico punto di vista, il proprio. Solo attraverso ripetute interazioni interpersonali, sarà gradualmente in condizione di rendersi conto dell'esistenza di un conflitto tra le proprie opinioni e quelle degli altri. Si tratta di un passaggio fondamentale, non facile, che permetterà al bambino, entro certi limiti, di passare da una visione egocentrica a una sociocentrica della realtà. Una riprova del raggiungimento di questa capacità sarà data dalla abilità ad assumere ruoli. Perché ciò sia possibile occorre aver abbandonato la prospettiva egocentrica.

33.2 Ricerca sui ruoli

In alcune ricerche condotte con bambini di età diversa, gli psicologi hanno cercato di individuare quando compare la capacità di assumere un ruolo. Ai bambini veniva chiesto di partecipare a compiti per la cui soluzione era necessario cambiare prospettiva. Ad esempio gli sperimentatori raccontavano una storia chiedendo a ogni bambino di raccontarla a bambini più piccoli di età. In altri casi si chiedeva di interpretare prima un bambino timido e poi un bambino sicuro di sé che raccontava alla maestra un episodio accadutogli. La capacità di rappresentare più o meno efficacemente i diversi personaggi era considerata indice di minore o maggiore egocentrismo.

Il saper distinguere gli attributi di ruolo degli altri, differenziandoli dai propri, aumenta notevolmente l'efficacia della comunicazione interpersonale.

33.3 Linguaggio e socializzazione

La scuola socio-cognitiva russa ha sostenuto che socializzazione e linguaggio sono fenomeni interdipendenti, necessari per un reciproco sviluppo. Gli psicologi Lev S. Vygotskij e Aleksandr R. Lurija hanno avviato le loro ricerche studiando il rapporto tra linguaggio e pensiero. Queste due funzioni sono all'inizio indipendenti, ma poi progressivamente si integrano. La scuola russa ha ipotizzato una origine autonoma di linguaggio e pensiero sulla base delle seguenti asserzioni:

- il linguaggio esercita le funzioni essenziali di comunicazione e di rappresentazione, il pensiero le funzioni di adattamento;
- ci si può adattare intelligentemente a delle situazioni senza usare il linguaggio, mentre si può usare il linguaggio (ad esempio richiamando l'attenzione, chiamando, chiedendo) con un'attività cognitiva molto ridotta.

Come si stabilisce allora il rapporto tra pensiero e azione? Secondo Vygotskij la voce nel bambino prima accompagna l'azione, ma senza un rapporto funzionale preciso con essa, poi interviene quando subentra un ostacolo, infine precede l'azione pianificandola. L'aspetto sociale del linguaggio viene prima, per la scuola russa, della dimensione individuale: il linguaggio acquista una funzione regolatrice del pensiero che diventa così una costruzione sociale. Solo interiorizzandosi diventa individuale. Lurija sviluppa la teoria di Vygotskij, integrandola con la tradizione paploviana. Ivan Petrovic Paplov, lo scopritore del condizionamento classico, riteneva che le parole possono essere usate al posto degli stimoli condizionanti, con condizionamenti più pronti e durevoli. Le ricerche di Lurija e di altri psicologi russi hanno rivelato che i comandi verbali sono efficaci inizialmente quando usati da altri, il singolo li utilizza in modo valido solo dopo averli semantizzati e interiorizzati. La capacità di "darsi degli ordini" è un comportamento sociale che viene poi interiorizzato. In questo senso il rapporto con la realtà sociale, la socializzazione, è un momento fondamentale per la interiorizzazione del linguaggio.

Si socializza grazie al linguaggio o si apprende il linguaggio grazie alla socializzazione?

L'apprendimento del linguaggio e il processo di socializzazione sono fenomeni complessi, interconnessi, non contrapponibili. Ognuna delle due asserzioni comprese nella domanda contiene una parte di verità. Da un lato è vero che se non si possiede il linguaggio, la possibilità di socializzazione è molto ridotta (si pensi semplicemente a quanto poche sono le possibilità di contatto se ci si trova in un paese straniero senza conoscere la lingua). D'altro canto è vero che proprio nell'ambiente sociale il linguaggio trova un ricco nutrimento, rafforzandosi e interiorizzandosi. Un classico esempio sono quei bambini che, inseriti nella scuola materna, arricchiscono di colpo il loro bagaglio linguistico e la capacità di utilizzarlo grazie all'incontro con una realtà diversa da quella del nucleo familiare, ovviamente più ristretta.

33.4 La sociolinguistica

In psicologia si è sempre dibattuto sul rapporto tra sviluppo cognitivo e linguaggio. Lo psicologo Basil Bernstein ha dato con le sue ricerche un interessante contributo su questo tema. La teoria di Bernstein, nata nell'ambito della sociolinguistica, si fonda sull'ipotesi che la struttura delle relazioni sociali determini gli usi e le scelte linguistiche di chi parla. A loro volta i comportamenti linguistici, modellati dal sociale, orienterebbero l'accesso verso diversi universi simbolici di conoscenza, agendo sul comportamento sociale e favorendo o inibendo le possibilità di controllo e di mobilità sociale. Bernstein individua due sistemi di uso linguistico, tra di loro differenti.

Il primo è il **codice elaborato**, caratterizzato da ampie scelte linguistiche, con la possibilità di esprimere contenuti semantici complessi.

Il secondo codice è stato chiamato da Bernstein **codice ristretto** perché concede una libertà molto ridotta alle scelte linguistiche di chi parla. Le ricerche condotte in Gran Bretagna stabilirono un rapporto tra classe sociale (definite in base alla divisione del lavoro) e codice linguistico. Gli appartenenti alla classe operaia (working class) tenderebbero a utilizzare il codice ristretto, mentre i membri della borghesia (middle class) si esprimono con il codice elaborato. Questi dati sembrerebbero confermare il rapporto tra uso effettivo (osservabile) del linguaggio e classe sociale di appartenenza. Le teorie di Bernstein sono state criticate da numerosi autori, che hanno trovato il modello riduttivo e soprattutto centrato sulla realtà sociale britannica. Tuttavia queste ricerche hanno avuto il merito di porre in evidenza con dati raccolti in modo sistematico il rapporto tra linguaggio, sviluppo cognitivo e socializzazione.

34 LA MEMORIA COME FUNZIONE SELETTIVA E ATTIVA

IN SINTESI: LA MEMORIA COME FUNZIONE SELETTIVA E ATTIVA

Perché vi sia memoria occorre che lo stimolo esterno venga recepito dall'individuo e trattenuto (fissazione e ritenzione) per essere poi riutilizzato quando necessario (rievocazione). Per lungo tempo gli psicologi hanno ritenuto la memoria un processo passivo. La Psicologia cognitiva ha messo in evidenza che la memoria rientra nel processo di elaborazione delle informazioni e che è una funzione selettiva e attiva.

Memoria: capacità di conservare traccia della propria esperienza passata e di servirsene per relazionarsi al mondo e agli eventi futuri.

Memoria sensoriale (MS): è il prolungamento della percezione di un oggetto che rimane in tal modo presente per qualche secondo nell'organismo.

Memoria a Breve Termine (MBT): è una piccola memoria di pronto impiego, capace di trattenere e conservare per un brevissimo periodo (20-30 secondi) una piccola quantità di dati, da inviare eventualmente alla MLT.

Memoria a Lungo Termine (MLT): La Memoria a Lungo Termine è la memoria in cui vengono conservati per lunghi periodi i ricordi. Dalla MLT si recuperano, a volte con fatica, i dati (rievocazione).

34.1 La memoria

La vita psicologica non sarebbe possibile se il passato non sopravvivesse influenzando in qualche modo gli eventi attuali. Non è concepibile una vita psichica basata solo sul presente: la memoria contraddistingue una reazione vitale da una esclusivamente meccanica. Nelle forme di vita superiore la memoria organizza l'aspetto temporale del comportamento, consentendo il legame tra evento attuale e altri accaduti in precedenza.

Ma come funziona la memoria? Distinguiamo tre fasi generali nel processo mnemonico. La prima fase si chiama della **fissazione** o dell'apprendimento. In questa fase l'individuo recepisce e trattiene alcune delle risposte suscitate dalla situazione vissuta. Ciò che è trattenuto, in grado di influenzare eventi successivi, prenderà il nome di **traccia**. La seconda fase è chiamata di **ritenzione**. Consiste nel conservare in modo latente le tracce memorizzate nella mente. Ciò che è trattenuto nella memoria di ognuno non può essere direttamente misurato o quantificato, dato che i ricordi posseduti sono resi coscienti solo grazie alla terza fase, quella del **ricordo** o della **rievocazione**.

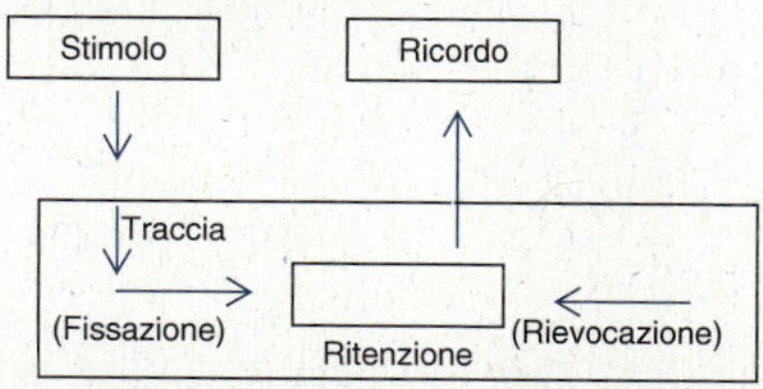

La memoria è un processo psicologico complesso, e nel corso degli anni si sono succeduti diversi modelli psicologici che hanno cercato di spiegare il suo funzionamento sulla base di ricerche sperimentali.

34.2 Teorie classiche sulla memoria

Le prime teorie e i primi esperimenti sulla memoria sono dovuti a uno studioso della metà dell'Ottocento, Hermann Ebbinghaus.

Questo psicologo, basandosi sulle teorie associazionistiche e su una serie di ricerche metodiche, era arrivato alla conclusione che la memoria fosse una funzione mentale unica, operante separatamente dal resto delle attività mentali. Ebbinghaus, e molti psicologi dopo di lui, ritenevano che la memoria funzionasse con meccanismi elementari, che memorizzare fosse un fatto meccanico, che per ricordare fosse necessario esercizio, applicazione, ma non elaborazioni, strategie, partecipazione attiva. Inoltre, ritenevano che richiamare i ricordi volesse dire semplicemente far riapparire i dati incamerati, senza che questo comporti meccanismi di distorsione. Ebbinghaus condusse i suoi esperimenti con metodi rigorosi ma astratti e lontani dalla realtà, ad esempio con l'apprendimento di sillabe o gruppi di numero senza senso. Tra le sue scoperte, valide tutt'oggi, si ricorda quella del superapprendimento (ripetere le nozioni migliora le prestazioni, ma non all'infinito: esiste un limite oltre il quale non si può andare), la curva dell'oblio (si tende a dimenticare prima rapidamente, poi sempre più lentamente), le differenze tra apprendimento massivo e apprendimento distributivo: più efficace il secondo perché a parità di tempo impiegato si apprende di più e meglio distribuendo lo sforzo in momenti diversi piuttosto che concentrandosi una sola volta.

34.2.1 La memoria come processo attivo: l'approccio della Gestalt

Gli psicologi della Gestalt, tra gli anni Trenta e Quaranta, proposero un nuovo approccio alla memoria. Secondo questo modello, perché si formi il ricordo occorre che il soggetto intervenga con una forza organizzatrice legata all'intenzione di ricordare. Inoltre ciò che si ricorda non sono i dati slegati, ma la loro organizzazione. Ancora, i ricordi vanno incontro a trasformazioni con deformazioni che seguono regole definite. La teoria della Gestalt, al contrario di quella associazionista, ha proposto una concezione attiva e dinamica della memoria. Purtroppo diverse asserzioni non hanno retto la verifica sperimentale e sono risultate inesatte. Tuttavia il punto di vista della Gestalt ha aperto la strada a nuove ricerche, soprattutto da parte degli psicologi cognitivisti.

34.2.2 La memoria come proprietà del sistema di elaborazione di informazioni

Intorno agli anni Sessanta si accumularono molte informazioni relative all'esistenza di più tipi di memoria.

I DIVERSI TIPI DI MEMORIA

Già nel 1890 lo psicologo americano James aveva notato che esiste una differenza tra ricordi che durano poco e ricordi permanenti. Tuttavia sono le ricerche del secondo dopoguerra che permettono di distinguere tre tipi principali di memoria: la Memoria Sensoriale (MS), la Memoria a Breve Termine (MBT) e la Memoria a Lungo Termine (MLT). La **Memoria sensoriale** è un prolungamento della percezione di un oggetto che permette di conservarne una brevissima traccia anche quando l'oggetto non stimola più i sensi. La traccia dura pochi secondi e svanisce, lo stimolo non subisce alcuna alterazione. Viene chiamata anche memoria pre-attentiva perché precede la focalizzazione dell'attenzione sullo stimolo e decade se questa non viene attivata. La **Memoria a breve termine** è una memoria di piccola capacità e di pronto utilizzo. Riesce a contenere e a conservare una quantità di dati limitata che vanno poi persi a meno che non intervengano operazioni di mantenimento. I ricordi resistono non più di venti o trenta secondi dopo di che sono persi per lasciare posto ad altri ricordi. È paragonabile alla memoria RAM di un Computer. La **Memoria a lungo termine** è molto diversa da quella a breve termine: ha capacità enormi che le consentono di conservare a lungo i dati per molto tempo. La MLT è in realtà composta da più tipi di memorie, come la memoria procedurale (che permette di ricordare come si fanno certe cose, ad es. camminare, andare in bicicletta, suonare la chitarra ecc.), la memoria semantica (informazioni generali come "Londra è la capitale dell'Inghilterra" o "in un anno ci sono 365 giorni"), o quella episodica (eventi accaduti, del tipo "lo scorso anno sono stato promosso" oppure "martedì sono andato a cinema"). La MLT è paragonabile all'hard disk di un computer.

Questo permise agli psicologi cognitivisti di inquadrare la memoria nel modello della elaborazione di informazione, di considerare in altre parole la memoria non solo come un processo attivo, ma come una modalità con cui la mente tratta i dati. Dal momento in cui un dato entra nel sistema (input) vi sono meccanismi attivi di selezione che consentono di archiviare solo le informazioni utili, ripescandole dal deposito della MLT quando sono necessarie (output).

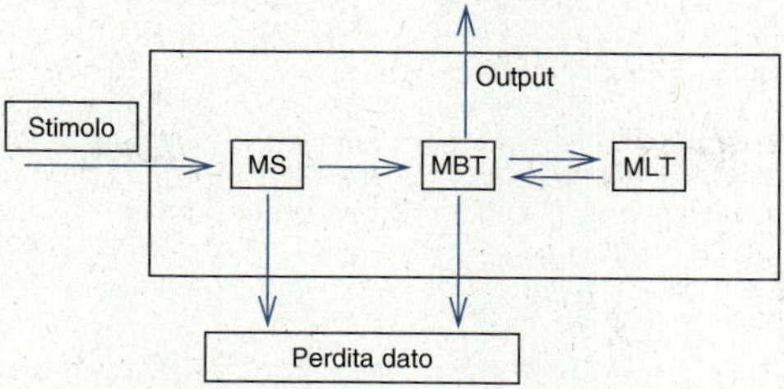

Quando non si ricorda qualcosa vuol dire che non si ha più il ricordo o che non si riesce a recuperarlo?

I dati incamerati dalla MLT rimangono a disposizione per moltissimo tempo. Alcuni psicologi hanno sostenuto che la incapacità di ricordare (oblio) è dovuta solo alla incapacità di recuperarli. In realtà numerose ricerche neuro-psicologiche hanno dimostrato che i ricordi decadono (ad esempio quando si dorme, alcune fasi del sonno "fanno pulizia" dei ricordi in eccesso) per ragioni biologiche. Altri ricordi vengono alterati nel corso del tempo. Esiste comunque una maggiore o minore capacità di recuperare i ricordi, legata a una migliore o peggiore organizzazione della MLT.

35 CURIOSITÀ E APPRENDIMENTO MOTIVATO

IN SINTESI: CURIOSITÀ E APPRENDIMENTO MOTIVATO
Essere curiosi è uno dei modi per attivare la propria mente e nutrirla con le informazioni che provengono dall'ambiente. Si tratta di un vero e proprio bisogno, come la motivazione alla conoscenza e il bisogno di realizzare le proprie competenze. La motivazione allo studio è frutto di più motivazioni, alcune estrinseche (legate a un risultato), altre intrinseche (bisogni personali).

Curiosità: l'esigenza di mantenere l'attività di elaborazione delle informazioni a un livello ottimale.

Need for competence: il bisogno di realizzare competenze che spinge l'individuo a sperimentare ciò che sa fare interagendo con l'ambiente.

Motivazione: meccanismo psicologico che attiva e spinge una persona verso una meta.

Apprendimento motivato: forma di apprendimento originata da bisogni individuali.

35.1 La curiosità

L'organismo di ogni individuo necessita di un livello ottimale di attivazione cerebrale. L'attivazione è resa possibile dall'ingresso di informazioni (input). L'individuo può essere portato a incrementare il numero di input per stimolare la propria attività mentale.

Secondo Daniel E. Berlyne, uno psicologo canadese, la curiosità, ovvero la necessità di mantenere a un livello ottimale l'attività di elaborazione di informazione, nasce dallo stato di tensione che si genera quando l'individuo non ha un'adeguata stimolazione (ingresso di input). Nascono così i comportamenti di curiosità che tendono a ridurre l'incertezza, a far crescere le conoscenze, ad attivare la mente. Vi sono diversi tipi di comportamenti legati alla curiosità.

I **comportamenti esplorativi**, simili nell'uomo e negli animali, consistono nell'orientare l'attenzione verso qualcosa, gironzolare guardandosi intorno, investigare frugando o manipolando la realtà.

I **comportamenti epistemici** consistono in operazioni basate su rappresentazioni mentali interne, come mettere a confronto concetti o dati della memoria, oppure operando con immagini mentali. Sia le operazioni basate sulla realtà sia quelle basate su rappresentazioni mentali hanno l'obiettivo di stimolare la mente.

Se la curiosità non riesce a soddisfare il bisogno di input il risultato di solito è la noia. Se poi un individuo si trova in un ambiente particolarmente privo di stimoli per un periodo di tempo prolungato può andare incontro a un fenomeno drammatico che si chiama "deprivazione sensoriale".

LA DEPRIVAZIONE SENSORIALE

Le prime ricerche sulla deprivazione sensoriale risalgono agli anni Cinquanta. In un esperimento un volontario si poneva su un letto in una camera acusticamente isolata, con gli occhi coperti da uno schermo traslucido e le mani inguantate e circondate da manicotti di cartone che impedivano le stimolazioni tattili. Il volontario rimaneva in quella condizione per diverse ore, in alcuni casi fino a cinque giorni. Le reazioni furono disagio, noia, e, da un certo punto in poi, agitazione e ricerca di stimolazione, decadimento dell'attività intellettuale, in ultimo forme allucinatorie soprattutto visive, spesso forme geometriche elementari. A questi primi esperimenti ne hanno fatto seguito altri, come l'immersione prolungata di volontari in vasche piene d'acqua che privavano degli stimoli dovuti alla gravitazione. L'apparizione di allucinazioni violente è stata in questo caso più rapida. La deprivazione sensoriale è la condizione in cui si trova una persona privata dei normali stimoli della vita quotidiana. Si tratta di una situazione che può verificarsi anche fuori dalla realtà sperimentale. Naufraghi, astronauti, ma anche camionisti, detenuti in celle di isolamento, anziani con un livello di assistenza minima possono di fatto vivere una deprivazione sensoriale anche molto accentuata. In molti casi di handicap sensoriale (cecità, sordità ecc.) al danno dovuto all'handicap si aggiungono le conseguenze della deprivazione sensoriale.

La curiosità ha un forte rapporto con l'apprendimento e lo sviluppo cognitivo, fornendo stimoli e informazioni. Quando questo non accade, quando un ambiente è poco stimolante, lo stesso sviluppo cognitivo può essere compromesso, determinando un ritardo mentale.

35.2 La motivazione alla conoscenza

Alcune persone dedicano il proprio tempo a migliorare la capacità di scrivere o disegnare, anche se i loro testi o dipinti non verranno mai utilizzati. Altri montano e smontano motori, altri ancora si impegnano a costruire puzzle o passano ore per risolvere un solitario o un videogioco. Nel mondo animale ci sono molti esempi analoghi (predatori che si esercitano a cacciare prede che non divoreranno, scimmie che in possesso di oggetti meccanici dedicano molto tempo per cercare di trovarne il funzionamento ecc.). Tutti questi comportamenti sono la manifestazione del bisogno di conoscenza, la spinta che porta a esercitare e ampliare le proprie capacità indipendentemente dalla presenza di un problema. Il *need for competence* (bisogno di realizzare competenze) spinge l'individuo a sperimentare ciò che sa fare interagendo con l'ambiente. In termini di elaborazione delle informazioni il *need for competence* è l'equivalente della curiosità ma sul versante degli output. In pratica è l'esigenza di controllare le proprie capacità cognitive, sperimentandole e impadronendosene. Per appagarle si ripetono più volte le stesse attività valutando i risultati.

Cosa accade se non si può soddisfare il proprio *need for competence*?

Di solito il bisogno di realizzare competenze prende la forma del gioco, per tale motivo gli si attribuisce una scarsa importanza. In realtà ricerche sperimentali hanno messo in evidenza che l'impossibilità di verificare se si padroneggia o meno l'ambiente determina un senso di insicurezza, fino a una condizione chiamata di "impotenza appresa" (*learned helplessness*), con conseguenze che portano alla depressione, alla confusione mentale, in alcune civiltà fino alla morte (ricerche in Australia su aborigeni banditi dallo stregone: questi individui si sono convinti di non avere strumenti per contrastare i demoni e si sono lasciati morire).

35.3 La motivazione allo studio

Sembra scontato che bambini, adolescenti e persone adulte studino. In realtà, come dimostrano la perdita di interesse e l'abbandono scolastico, si studia se si è motivati.

LA MOTIVAZIONE

La motivazione è un meccanismo psicologico che attiva e spinge una persona verso una meta. La motivazione nasce da un bisogno, anche se questo non sempre è cosciente, oppure può essere determinato dall'ambiente. Lo psicologo Maslow ha costruito una gerarchia dei bisogni che partono da quelli fisiologici e arrivano a quelli psicologici. Secondo Maslow i bisogni sono suddivisibili in due grandi categorie, i **bisogni dovuti a una mancanza** (la motivazione parte da qualcosa che è venuta a mancare, ha creato un disequilibrio che va ritrovato; ad esempio la fame che spinge alla ricerca del cibo) e i **bisogni legati alla crescita** (la motivazione nasce dalla necessità di arricchimento e accrescimento personale). Ecco la lista dei bisogni, partendo da quelli più bassi e arrivando a quelli più elevati.

Bisogni Fisiologici Bisogni di Sicurezza Bisogni di Appartenenza e di Amore Bisogni di Stima	Bisogni di Mancanza
Bisogni di Autorealizzazione Bisogno di Conoscere e Capire Bisogni Estetici	Bisogni di Crescita

L'individuo ha la necessità di soddisfare in primo luogo i bisogni di mancanza, solo dopo potrà indirizzarsi ai bisogni di crescita. Maslow sostiene anzi che il desiderio di crescere e sviluppare le proprie potenzialità si scontra con il bisogno di sicurezza. Per crescere bisogna osare, e solo chi si sente sicuro osa.

La motivazione allo studio è dovuta a una combinazione di varie motivazioni. Alcune sono **estrinseche** (la meta è il fare per il fare, il risultato è il comportamento stesso da attuare). Una motivazione estrinseca è il vantaggio che si ricava dallo studio, come il titolo di studio, la possibilità di attività lavorative, il prestigio sociale, ma anche la possibilità di risolvere problemi con le conoscenze di cui si è venuti in possesso. Altre motivazioni sono **intrinseche**; tra di esse vi sono: la curiosità, il *need for competence*, ma anche il bisogno di affiliazione, ovvero la necessità di stare con gli altri, partecipando ad attività gruppali e sociali (ad esempio frequenza della scuola quando si è bambini e adolescenti), e il bisogno di autorealizzazione. Quest'ultimo bisogno è probabilmente innato, e si sviluppa mano a mano che aumenta l'autoconsapevolezza.

Per alcuni autori l'autorealizzazione non è altro che bisogno di riuscita (*need for achievement*), tendenza a portare a compimento i propri progetti e a evitare fallimenti. La somma di queste spinte indirizza verso lo studio, l'assenza di motivazione determina disinteresse fino all'abbandono scolastico. La riuscita nello studio, è data dalla interazione tra motivazioni allo studio, esperienza dello studente e ambiente scolastico.

36 LE SCUOLE E GLI AUTORI

IN SINTESI: SCUOLE E AUTORI
Bruner, Jerome S.: la formazione dei concetti.
Scuola socio-cognitiva russa: genesi storico-sociale del pensiero.
Cognitivismo: l'uomo elaboratore di informazioni.
Berlyne, Daniel E.: la curiosità.

36.1 Bruner

Jerome S. **Bruner** è stato uno dei più importanti psicologi americani del dopoguerra. Le sue ricerche sono iniziate durante la seconda guerra mondiale nel campo della comunicazione persuasiva e della propaganda. In tale settore ha approfondito le conoscenze sulle difese percettive e gli aspetti emotivi delle percezioni. Dopo la guerra ha iniziato a studiare i processi cognitivi, interessandosi in particolare alla formazione dei concetti. Nel 1956 il suo fondamentale volume *A study of thinking* (in italiano *Il pensiero: strategie, categorie*) contribuisce alla "svolta cognitiva", la costruzione della corrente che sarà chiamata psicologia cognitiva. Il metodo utilizzato da Bruner e dai suoi collaboratori supera la tradizione comportamentista: questi psicologi non si interessano solo delle risposte (comportamento), ma anche delle strategie seguite per arrivare alla soluzione, ad esempio, di un problema. Cambia così l'oggetto stesso della ricerca, che non è più solo il comportamento, ma la mente, vista come elaboratrice di informazione. Bruner mostra, nel suo libro, come la persona ostruisce la realtà. Ogni individuo è stretto tra la moltitudine di stimoli ambientali e la necessità di orientarsi per raggiungere i propri scopi. La formazione dei concetti, categorizzando il mondo, fornisce degli strumenti molto utili per l'adattamento. Bruner ha chiamato questo fenomeno **concettualismo strumentale**. Gli strumenti concettuali evolvono con la crescita dalla nascita in poi. Bruner parla, come Piaget, di fasi:

- **fase operatoria**, in cui prevale la rappresentazione senso-motoria dell'esperienza;
- **fase iconica**, segnata dalla capacità di utilizzare schemi visivi per le operazioni concrete;
- **fase della rappresentazione simbolica**, che consente l'astrazione.

Le fasi di Bruner sono diverse da quelle di Piaget. Secondo l'americano anche quando si acquisisce una capacità concettuale nuova si conserva la precedente e se ne può fare ancora uso. Ogni persona ha così un bagaglio articolato e flessibile. Su un altro punto Bruner diverge da Piaget, avvicinandosi di fatto alle teorie della scuola russa. Bruner ritiene che le capacità cognitive non si autogenerino ma abbiano una genesi storico-sociale. Gli individui acquisiscono gli strumenti concettuali perché li trovano nella cultura delle società in cui vivono. Questo permette loro il confronto e l'interiorizzazione. La produzione scientifica di Bruner è molto ampia. Tra i titoli principali: *Il pensiero: strategie e categorie* (1956), *Studi sullo sviluppo cognitivo* (1966), *Mente a più dimensioni* (1988).

36.2 La scuola socio-cognitiva russa

Lev S. Vygotskij, Aleksandr R. Lurija e Aleksej Nicolaevic Leont'ev sono i principali autori della scuola socio-cognitiva russa. La scuola russa ha studiato i processi cognitivi partendo dal principio che la loro origine è legata alla vita concreta, alla cultura e alla storia di un determinato periodo. Vygotskij, il primo e il più importante di questo gruppo di autori, riteneva che il bambino, entrando in rapporto con gli altri e con l'ambiente sociale, ha una esperienza che produce in lui la nascita della coscienza e del pensiero, quelle che lo psicologo russo chiama "attività psichiche superiori". Questo permette al bambino di compiere un salto qualitativo, distaccandosi dal livello delle altre specie animali. L'essere umano si caratterizza così proprio per queste funzioni: l'intelligenza e la consapevolezza di sé. Il contesto socio-culturale non si limita a immettere nell'individuo contenuti o a dargli conoscenze. In pratica costruisce, secondo la scuola russa, i meccanismi mentali e fa sviluppare le capacità grezze. Questo è reso possibile dai mezzi di comunicazione e dal linguaggio. Il bambino, immesso nelle dinamiche sociali, acquista le funzioni "interpsichiche". Successivamente gli strumenti relazionali sono introiettati (trasferiti all'interno) e trasformati in meccanismi mentali. Oggi le teorie della scuola sono ritenute solo in parte valide. Per quanto riguarda il linguaggio, ad esempio, il fatto che bambini di tutto il mondo, quale che sia la loro lingua, seguono le stesse tappe per imparare a parlare, con gli stessi comportamenti linguistici in precise età, dimostra che lo sviluppo non dipende esclusivamente dall'ambiente, ma che l'acquisizione è programmata biologicamente. L'importanza delle teorie del Vygotskij e della scuola russa è tuttavia nell'aver mostrato come l'attività mentale non può essere analizzata in astratto, ma va sempre collegata al contesto storico-sociale in cui si esprime. Tra le opere principali si ricorda: Vygotskij L.S.: *Linguaggio e pensiero* (1934); *Storia dello sviluppo delle funzioni psichiche superiori* (1960); Lurija A. R.: *Come lavora il cervello* (1973); Leont'ev A.N.: *Problemi dello sviluppo psichico* (1959).

36.3 Daniel E. Berlyne

Berlyne, uno psicologo dell'Università di Toronto, già collaboratore di Piaget, ha studiato da un punto di vista molto originale i processi cognitivi collegati alla curiosità. Alla base della teoria di Berlyne ci sono sia le teorie piagetiane sullo sviluppo cognitivo visto come frutto del rapporto di squilibrio/equilibrio con l'ambiente, sia la tradizione comportamentista americana, in particolare le ricerche di Hull sulla motivazione nell'apprendimento, sia gli studi neurofisiologici e psicofisiologici sul sistema reticolare ascendente e sul'attivazione del sistema nervoso (*arousal*). Partendo da questi dati Berline ipotizza la necessità, per l'organismo, di un livello di attivazione ottimale. Lo psicologo canadese parte dal dato che il sistema nervoso ha un apparato che regola il livello di attivazione o *arousal*. Se un organismo si allontana dal livello ottimale di attivazione si determina uno stato di tensione, un conflitto che può risolversi con i comportamenti di curiosità. In questo modo l'individuo si attiva, e questo porta a ridurre le sue incertezze e ad aumentare le conoscenze. Berlyne differenzia tra **curiosità percettiva**, scatenata da stimoli insoliti o complessi o incongruenti, e **curiosità epistemica**, prodotta da dubbi, perplessità, contraddizioni logiche, concetti ambigui o sfumati. La curiosità percettiva è dovuta al conflitto tra dati posseduti e informazioni in arrivo attraverso i canali percettivi. La curiosità epistemica è dovuta a un conflitto concettuale, in altre parole a un disordine nel sistema concettuale della persona. Per quanto riguarda i comportamenti di curiosità veri e propri, Berlyne li divide in due gruppi. Da un lato pone i **comportamenti esplorativi** (orientare l'attenzione verso qualcosa, vagare guardandosi attorno, manipolare la realtà a scopo investigativo ecc.) e **comportamenti epistemici** (l'osservazione epistemica, ovvero l'osservazione più o meno sistemica di dati esterni, il pensiero epistemico, che chiarisce le cose con la ragione e l'intuizione, e la consultazione, modalità di attingere a fonti diverse di informazione). Tra le pubblicazioni principali di Berlyne: *Conflitto, attivazione e creatività: psicofisiologia del comportamento esplorativo* (1971); *Struttura e orientamento del pensiero* (1978).

36.4 Il Cognitivismo

Il Cognitivismo è una corrente della psicologia contemporanea che, contrapponendosi al comportamentismo, concepisce la mente non come un recettore passivo delle informazioni dovute a stimoli ambientali, ma come un elaboratore attivo che verifica continuamente la congruenza tra modelli interni e condizioni oggettive esterne. La mente ha la capacità sia di filtrare le informazioni dell'ambiente, sia di autocorreggersi. Il primo autore che ha dato una formulazione teorica al Cognitivismo è stato Ulric Neisser pubblicando "Psicologia cognitiva" nel 1967. In questo libro Neisser ha riassunto dieci anni di ricerche e ha fornito uno statuto teorico e un nome alla nuova area della psicologia. Dagli anni Settanta in poi le ricerche si sono moltiplicate, come pure i contributi teorici. Va ricordato che il cognitivismo ha basato molte delle sue teorie su modelli e ricerche provenienti da branche diverse dalla psicologia:

la teoria della comunicazione, la cibernetica, lo studio della intelligenza artificiale, l'informatica. Uno dei principali frutti degli studi cognitivisti è stato il modello dell'H.I.P. (Human Information Processing), dovuta a un altro autore di spicco del Cognitivismo, Donald Norman. L'H.I.P. definisce l'uomo come un elaboratore di informazioni in grado di compiere scelte tra elementi in entrata (input), operando una serie di trasformazioni e prendendo decisioni in uscita (output) che dipendono non solo dagli stimoli ambientali, ma anche (e soprattutto) dalla elaborazione compiuta. Alla coordinazione elementare stimolo-risposta, il Cognitivismo sostituisce una nuova unità globale denominata T.O.T.E. (Test-Operate-Text-Exit) o piano di comportamento, secondo cui il soggetto interagisce con l'ambiente verificando in modo costante e in tempi rapidissimi la congruenza tra condizioni ambientali e proprio piano comportamentale. Tra le opere principali si ricordano: Neisser U.: *Psicologia cognitiva* (1967); Lindsey P. H. e Norman D. A.: *L'uomo elaboratore di informazioni* (1972).

37 TEMI DI APPROFONDIMENTO

37.1 Studio e motivazione

Con la scolarizzazione di massa il fatto che bambini e adolescenti studino appare scontato. In realtà le cose non stanno in questo modo, come dimostrano, a volte in modo drammatico, perdita di interesse per le materie e per il corso di studi, o addirittura il fenomeno dell'abbandono scolastico. Gli psicologi hanno studiato la motivazione allo studio, cercando di capire i fattori che intervengono in questo processo. Le loro ricerche hanno evidenziato che, di solito, non esiste una unica motivazione fondamentale: si studia per una combinazione di più motivazioni. Alcune sono **motivazioni estrinseche**, ovvero dovute a fattori esterni. Studiare comporta fatica personale, impegno di tempo ed economico, tuttavia normalmente ripaga in termini di prestigio sociale. Un altro fattore estrinseco è la obbligatorietà dello studio fino a una certa età sancita dalla legge. Esiste poi una spinta allo studio dovuta al fatto che si tratta di un comportamento quasi sempre socialmente condiviso, soprattutto in certe classi sociali. Un altro fattore è dato dalla frequenza della scuola: l'ambiente scolastico spinge lo studente allo studio definendo ritmi, compiti, impegni, confronto con gli altri, voti e giudizi. In ultimo il rapporto con gli insegnanti può, se positivo, favorire la motivazione allo studio grazie al processo di identificazione. Esistono poi **motivazioni intrinseche**, legate ai bisogni cognitivi. La voglia di conoscere può rappresentare una valida motivazione allo studio. Un'altra spinta viene dal bisogno di confrontarsi e autovalutarsi sul piano cognitivo, mostrando quello di cui si è capaci. La voglia di riuscire, di collezionare successi, di non sbagliare, rientra tra le motivazioni intrinseche, come pure il bisogno di integrarsi con il proprio gruppo di pari, solitamente composto da studenti. Alcuni ricercatori hanno evidenziato che la spinta a studiare, dovuta a così tante variabili, viene veicolata attraverso forme diverse di motivazione sociale, e interiorizzata a volte già in età prescolare.

Funzionano meglio le motivazioni estrinseche o quelle intrinseche? È evidente che lo studio basato su motivazione intrinseche offre indubbi vantaggi: gli studenti si avvicinano in modo attivo alla materia, dando valore agli apprendimenti e alla lezione. Le motivazioni intrinseche non vanno sostenute dall'esterno perché, in un certo senso, si autoalimentano. Tuttavia le motivazioni intrinseche presentano qualche limite: in primo luogo un apprendimento basato solo su curiosità e interesse rischia di essere dispersivo, tralasciando materie o nozioni importanti. Inoltre ricerche empiriche hanno mostrato che col tempo le motivazioni intrinseche tendono a calare. Sono molto valide per un primo approccio alla materia, ma difficilmente mobilitano tutte le energie necessarie per andare avanti. In conclusione il risultato migliore lo si ottiene con una giusta combinazione di motivazioni intrinseche e estrinseche.

37.2 Le tecniche di memorizzazione

Esistono diversi tipi di memoria. La memoria che permette per lungo tempo di conservare i ricordi, rievocandoli quando necessario, si chiama Memoria a Lungo Termine (MLT). Riceve i dati dalla Memoria a Breve Termine (MBT) e attraverso meccanismi diversi li mantiene "in deposito". Le tecniche di memorizzazione non sono altro che i sistemi per favorire sia l'inserimento di dati nella MLT, sia per rendere possibile un loro mantenimento quando più a lungo protratto nel tempo, sia per rievocare con facilità i dati memorizzati. Conoscere come funziona la MLT è fondamentale per costruire buone tecniche di memorizzazione. Innanzi tutto va detto che l'inserimento e il mantenimento dei dati è reso possibile da tecniche diverse. La pura ripetizione di una informazione (**reiterazione semplice**: ad esempio continuare a ripetere una certa data storica o il nome di un personaggio famoso) non è molto efficace per la memorizzazione. Migliore successo lo si ottiene con una **reiterazione elaborativa**. Questo secondo tipo di inserimento dei dati in memoria si basa da un lato sulla ripetizione, dall'altro sulla modalità di organizzazione dei dati. Esistono metodi diversi. Un primo metodo è la **codifica**. Consiste nel classificare le cose da imparare, raggruppandole in categorie. Naturalmente non tutte le classificazioni sono efficaci allo stesso modo. Ad esempio, per quanto riguarda le parole si è visto che le codifiche superficiali, basate su informazioni come ad esempio le caratteristiche ortografiche, sono meno efficaci delle codifiche semantiche, basate sul significato. Ancora più efficaci sono le codifiche riferite a se stessi. Associare un dato a una esperienza o a un evento personale rafforza fortemente la memorizzazione. Naturalmente questo non sempre è possibile. Un secondo metodo di reiterazione elaborativa è la **organizzazione**. Organizzare i dati è più complesso che codificarli. In tal caso le informazioni vengono inserite in un contesto strutturato che li rende coerenti e sensati. Un terzo metodo è la **rielaborazione**. Per rielaborare i dati si ricorre a due processi, naturalmente combinati. In primo luogo si organizzano le informazioni secondo una struttura differente da quella in cui sono originariamente inseriti. Poi li si arricchisce con elementi aggiuntivi, appositamente ricercati. Il dato in tal modo viene considerato in una prospettiva diversa, personalizzata, e questo rende la memorizzazione molto forte.

Anche la rievocazione, il recupero delle informazioni dalla MLT, passa attraverso processi di elaborazione a seconda dei casi più o meno complessi. Per ricordare si ricorre in primo luogo alla **scansione**, una specie di lettura diretta dei dati posseduti. Quando questo non è sufficiente si passa alla **ricostruzione**, una tecnica basata sul ragionamento inferenziale. Partendo dagli elementi posseduti si ricostruisce il ricordo, colmando i vuoti con il ragionamento. Questa seconda modalità espone al rischio di distorsioni anche gravi. Se alla origine della memorizzazione c'è stato un buon lavoro di elaborazione, ripetendo le stesse modalità, ovvero elaborando il ricordo in uscita allo stesso modo, ci sono buone probabilità di successo. In sintesi le tecniche di memorizzazione più efficaci si basano sull'organizzazione e sull'elaborazione dei dati.

37.3 Linguaggio infantile e linguaggio adulto

È del tutto evidente che le capacità linguistiche di un neonato sono del tutto diverse da quelle di un adulto. Tuttavia, sebbene un bambino piccolissimo non sia in grado di parlare, questo non vuol dire che non sia in grado di comunicare fin dalle prime ore di vita. La relazione tra neonato e adulto si stabilisce infatti sin dai primi momenti, ed è basata sulla comunicazione non verbale. Il neonato è in grado di imitare alcune espressioni facciali e di riconoscere forme particolari (ad esempio il seno); in altre parole ha un bagaglio minimo che gli permette di adattarsi, naturalmente purché esista un ambiente protetto.

Le prime forme di linguaggio del neonato sono suoni elementari o fonemi, cioè suoni vocalici e consonanti fondamentali che corrispondono alle lettere dell'alfabeto. Fino a sei mesi le vocalizzazioni sono limitate (k, g, x, i, a). Dopo i sei mesi, nella fase detta del balbettio, il piccolo diventa capace in pratica di pronunciare tutti i suoni che costituiscono la base di tutte le lingue. Naturalmente il balbettio di bambini appartenenti a nazionalità diverse non si differenzia, un piccolo indonesiano balbetta come un russo o un inglese. Anche la capacità di comunicare in modo non verbale si differenzia, compare il sorriso, che diventa intenzionale, il pianto acquista intonazioni con significati diversi, lo sguardo diventa un canale di comunicazione. La pronuncia delle prime parole è legata a capacità universali, non a caso le parole mamma e papà, basate sulla ripetizione di sillabe già possedute dal bambino, si assomigliano in tutte le lingue. Il linguaggio vero e proprio comincia con singole parole che esprimono intendimenti o significati complessi (linguaggio olofrastico o sincretico). Ad esempio la parola "pappa" può significare "ho fame e voglio mangiare".

Intorno ai 18-24 mesi si verifica un'ulteriore differenziazione, il bambino è ora in grado di costruire frasi semplici, basate su due parole (ad esempio "dove mamma" oppure "vedi cane"). I progressi diventano dai due anni molto veloci: apparentemente a quattro anni un bambino è in grado di formulare frasi complete del tutto simili a quelle di un adulto. In realtà questi progressi, pure significativi, si basano su capacità cognitive proporzionate all'età. Il vocabolario posseduto, ben utilizzato, è composto solo da alcune centinaia di termini, molto meno dei 2000-4000 sostantivi mediamente posseduti e utilizzati da un adulto. Certo, la differenza con il linguaggio "telegrafico" dei primi due anni è vistosa, tuttavia occorre considerare che il linguaggio continua a svilupparsi anche durante gli anni scolastici. Per cui, se è vero che intorno ai 4 o 5 anni il bambino acquista la padronanza di buona parte della struttura della lingua madre, è anche vero che tra i 5 e i 7 anni aspetti importanti della grammatica sono posseduti ancora in modo incompleto, oppure non vengono utilizzati in modo completo. La progressione continua per tutta l'infanzia e l'adolescenza, con arricchimento del lessico, maggiore varietà dei modelli grammaticali, frasi più lunghe e articolate. In sintesi lo sviluppo del linguaggio accompagna lo sviluppo cognitivo, progredendo di pari passo fino all'età adulta.

TEST DI VERIFICA

1 Il conflitto di ruolo è:

A un tipo di video-gioco con più concorrenti
B una azione di guerra
C un conflitto psicologico legato al ruolo sociale
D una condizione di confusione rispetto alla propria identità personale

2 Qual è la differenza tra atteggiamento e stereotipo?

A Nessuna, atteggiamento e stereotipo sono sinonimo l'uno dell'altro
B L'atteggiamento è una modalità di funzionamento individuale, lo stereotipo è proprio dei gruppi sociali
C L'atteggiamento è una forma di comunicazione non verbale, mentre lo stereotipo riguarda il tipo di pensiero
D L'atteggiamento è una predisposizione positiva verso qualcosa o qualcuno, lo stereotipo è viceversa un pensiero negativo

3 La discriminazione sociale è:

A la capacità di separare cose diverse tra di loro
B un punto di vista verso un gruppo diverso dal proprio completamente o parzialmente falso
C una forma di aggressività
D un trattamento differenziato riservato ai membri di una minoranza

4 Tra le varie forme di comunicazione all'interno di un gruppo (stellare, a rete, lineare, circolare) qual è la migliore?

A Non esiste una forma migliore di comunicazione, dipende dalla situazione in cui si trova il gruppo e dal suo compito
B La comunicazione a rete è più democratica
C La comunicazione stellare è più chiara
D La comunicazione circolare permette a tutti di esprimersi

5 L'intelligenza pre-operatoria è:

A l'intelligenza tipica della seconda infanzia, basata su rappresentazioni elementari della realtà
B l'intelligenza che occorre prima di fare qualcosa
C la capacità di utilizzare funzioni operatorie astratte
D l'intelligenza tipica della prima infanzia, basata sulla percezione e sulle azioni

6 La crisi adolescenziale è:

A un'esperienza inevitabile per ogni adolescente
B una grave malattia mentale
C un'esperienza possibile per ogni adolescente, ma non inevitabile
D la crisi legata alla maturazione sessuale

7 L'approccio sistemico è:

A un approccio che spiega i fattori ambientali ed ereditari come sistema
B un modello di interpretazione della realtà che considera il singolo come parte di un sistema col quale interagisce
C il modello che ritiene fondamentale il ruolo dei fattori ereditari nello sviluppo delle persone
D il modello che ritiene fondamentale il ruolo dei fattori ambientali nello sviluppo della persona

8 Per Freud la fase orale è:

- **A** la prima fase dello sviluppo psicosessuale, in cui la bocca è la principale zona esogena
- **B** la fase in cui il bambino incomincia a parlare
- **C** la fase dell'allattamento
- **D** la fase in cui si passa dalla comunicazione non verbale a quella verbale

9 Secondo Erickson la crisi adolescenziale è:

- **A** la crisi che accompagna la fase dell'identità (13-18 anni); Erickson sostiene che solo l'adolescenza determina una crisi
- **B** la crisi che gli adolescenti provocano nei genitori
- **C** un tipo particolare di crisi dovuto agli innamoramenti degli adolescenti
- **D** la crisi che accompagna la fase dell'identità (13-18 anni); Erickson sostiene che ogni fase dello sviluppo determina una crisi

10 Secondo lo psicologo svizzero Piaget il linguaggio è una funzione cognitiva. Questo vuol dire che:

- **A** il pensiero dipende dal linguaggio
- **B** il linguaggio dipende dal pensiero
- **C** linguaggio e pensiero sono indipendenti
- **D** il linguaggio è pensiero

11 Quale è la differenza tra pensiero riproduttivo e pensiero produttivo?

- **A** Il pensiero riproduttivo si basa sull'utilizzo di regole e conoscenze già possedute e applicate in modo passivo, quello produttivo sulla ristrutturazione dei fattori utili alla soluzione di un problema, con il raggiungimento di soluzioni innovative
- **B** Non c'è nessuna differenza tra i due tipi di pensiero
- **C** Il pensiero produttivo è quello che in una sequenza per la soluzione di un problema precede il pensiero riproduttivo, costruendo l'esempio a cui attenersi (produzione e dopo riproduzione)
- **D** Il pensiero produttivo si basa su regole e conoscenze già possedute, quello riproduttivo su un atto creativo e innovativo

12 Le informazioni sono:

- **A** dati che vengono attivamente elaborati dall'uomo secondo modalità che possono essere comprese
- **B** stimoli che determinano una risposta
- **C** dati che vengono attivamente elaborati dall'uomo secondo modalità che non possono essere comprese
- **D** messaggi emessi dai mass-media

13 Su quali strumenti e tecniche si basa la selezione attitudinale?

- **A** Identificazione del fabbisogno di chi richiede la selezione, reclutamento, selezione vera e propria, prima allocazione e training dell'assunto
- **B** Test attitudinali
- **C** Diverse tecniche, tra le quali i test attitudinali, i colloqui o interviste attitudinali, l'indagine su dati bibliografici e precedenti esperienze lavorative
- **D** Test attitudinali e interviste

14 I fattori motivanti di Herzberg sono:

- **A** fattori intrinseci, legati all'atto del lavoro, e fattori estrinseci, legati a soddisfazioni provate in momenti diversi da quelli in cui si svolge il lavoro
- **B** fattori legati al contesto ambientale in cui il lavoro si svolge
- **C** solo fattori intrinseci, legati all'atto del lavoro
- **D** solo fattori estrinseci, legati a soddisfazioni provate in momenti diversi da quelli in cui si svolge il lavoro

15 Nei suoi studi classici lo psicologo americano Mayo arriva alla conclusione che l'individuo è motivato al lavoro:

- **A** da bisogni di natura sociale
- **B** da incentivi economici
- **C** dal lavoro in quanto tale
- **D** dal controllo effettuato dalla direzione

16 La comunicazione non verbale comprende tutte le forme di comunicazione che non sono basate sull'uso della voce?

- **A** Sì, la comunicazione non verbale usa canali di comunicazione non linguistici
- **B** No, la comunicazione non verbale comprende tutta la comunicazione a eccezione di quella scritta
- **C** Sì, la comunicazione non verbale è quella tipica degli animali, che non parlano
- **D** No, esistono alcune forme di comunicazione non verbale, come l'intonazione della voce e le vocalizzazioni che sono espresse con la voce

17 Per combattere l'uso della droga, è utile descrivere le caratteristiche delle sostanze stupefacenti?

- **A** Sì, purché si diano informazioni sui rischi che si corrono e su come comportarsi in caso di difficoltà
- **B** No, perché spaventando le persone si può spingerle a rifiutare il messaggio e a comportarsi in modo opposto
- **C** Sì, purché sia molto chiaro che la droga è un pericolo mortale
- **D** No, è inutile, chi si droga sa già come funzionano le sostanze stupefacenti

18 La psicologia clinica è:

- **A** una disciplina che si occupa delle differenze psicologiche
- **B** una disciplina che si occupa del disagio psichico studiandolo e proponendo strumenti di interventi
- **C** una disciplina che studia le leggi generali di funzionamento psicologico della persona
- **D** una disciplina che studia le relazioni tra individuo e gruppo sociale

19 La normalità statistica è:

- **A** l'insieme di valori che cadono nell'ambito di una distribuzione normale indicando che non c'è devianza
- **B** l'insieme dei comportamenti accettati normalmente
- **C** l'insieme dei valori o comportamenti che indicano l'assenza di malattia mentale
- **D** una condizione o uno stato psicologico ottimale

20 Esiste una unica classificazione delle malattie mentali?

- **A** Sì, ma varia nel tempo e deve essere aggiornata
- **B** No, ogni nazione ha la sua classificazione
- **C** Sì, esiste una unica classificazione
- **D** No, ci sono più classificazioni, tra cui il DSM e l'ICD

21 Un test mentale è:

- **A** una situazione-stimolo standardizzata che permette di misurare caratteristiche psicologiche
- **B** uno strumento per misurare il Quoziente Intellettivo
- **C** una prova psicologica
- **D** uno strumento per misurare la personalità

22 La psicoterapia può essere utilizzata solo con gli adulti?

- **A** No, anche con bambini, purché le tecniche siano adeguatamente modificate
- **B** Sì, perché la psicoterapia si basa sulla parola
- **C** No, perché con i bambini si possono usare le tecniche di condizionamento e decondizionamento
- **D** Sì, perché i bambini non sono in grado di comprendere cosa accada in una psicoterapia

23 Quale è la differenza tra concetto e classe di oggetti?

- **A** Nessuna, concetto e classe sono sinonimo e rappresentano il prodotto della classificazione
- **B** Il concetto è l'insieme dei criteri sul quale si basa l'organizzazione della classe
- **C** Ogni classe contiene diversi concetti, raggruppati per un determinato fine cognitivo
- **D** Il concetto è il legame tra le diverse classi di oggetti

24 Il neonato è in grado di avere interazioni basate sulla reciprocità?

- **A** No, perché è in una fase egocentrica che non gli permette di interagire
- **B** No, una interazione basata sulla reciprocità è possibile solo con il linguaggio
- **C** Sì, ma solo con lo sguardo (scambio di sguardi con la madre)
- **D** Sì, anche se in forma rudimentale. La reciprocità è propria del flusso comunicativo presente in una relazione tra due persone

25 Secondo la scuola socio-cognitiva russa linguaggio e pensiero:

- **A** hanno una origine autonoma e progressivamente si integrano
- **B** hanno una origine autonoma e restano tali
- **C** sono interdipendenti sin dalla loro comparsa
- **D** il linguaggio determina l'origine del pensiero

26 A cosa serve la memoria a breve termine?

- **A** A ricordare cose piccole
- **B** A conservare i dati per poi, dopo averli selezionati, memorizzarli nella MLT
- **C** A tenere per qualche secondo a mente un oggetto percepito ma poi non più presente
- **D** A ricordare come si fanno cose semplici, come camminare o andare in bicicletta

27 La curiosità nasce:

- **A** dall'esigenza di mantenere a un livello ottimale l'attività di elaborazione delle informazioni
- **B** dalla necessità di esplorare l'ambiente circostante
- **C** dalla necessità di operare con rappresentazioni mentali
- **D** dalla deprivazione sensoriale

SOLUZIONI E COMMENTI

1 Esistono diversi tipi di conflitto di ruolo, e la loro intensità spesso è tale da mettere in discussione l'identità personale dell'individuo coinvolto. La risposta **C** è quella esatta, la **D** è certamente errata. Le risposte **A** e **B** non hanno alcun collegamento con la domanda.

2 Sia gli stereotipi sia gli atteggiamenti sono un modo di porsi nei confronti degli oggetti ed eventi esterni. Tuttavia non sono la stessa cosa (risposta **A** errata). Quello che li differenzia non è l'orientamento positivo o negativo (risposta **D** errata), ma il fatto che si tratta di modalità di funzionamento individuali (gli atteggiamenti) e di gruppo (gli stereotipi), per cui la risposta **B** è corretta. La risposta **C** è del tutto errata.

3 Anche se sull'origine della discriminazione sociale gioca un ruolo importante il fattore affettivo, tuttavia, soprattutto quando il pregiudizio che lo determina si è stabilizzato, la discriminazione diventa un comportamento normale, con scarse valenze affettive. Per questo la risposta **C** è errata. La risposta **B** definisce cosa è un pregiudizio ed è per questo errata. La risposta **A** è errata perché si riferisce alla discriminazione sociale, non del processo cognitivo. La risposta esatta è la **D**.

4 Ogni forma di comunicazione ha peculiarità specifiche che sarebbe semplicistico ricondurre alle definizioni date dalle risposte **B**, **C** e **D**, che risultano quindi tutte e tre errate. Ogni forma di comunicazione può in un certo momento della vita del gruppo essere quella più adatta (risposta **A** corretta).

5 Secondo Piaget, nei primi due anni di vita lo sviluppo cognitivo si costruisce sulla base delle esperienze percettive e motorie (intelligenza senso-percettiva). Per tale motivo la risposta **D** è sbagliata; la risposta corretta è la **A**. Ovviamente la capacità di rappresentazione è necessaria per progettare e operare, ma la risposta **B** è troppo generica. In ultimo la risposta **C** è del tutto errata.

6 I cambiamenti personali, fisici, sociali propri dell'adolescenza mettono a dura prova l'equilibrio psicofisico dell'individuo durante questa fase del ciclo di vita. Tuttavia solo una parte dei ragazzi e delle ragazze soffre realmente di una crisi adolescenziale. La risposta **C**. è dunque quella esatta, quella **A** sbagliata. Per quanto riguarda la risposta **B**, occorre dire che, sebbene la crisi adolescenziale per molti tratti ricordi le sofferenze e le difficoltà di una malattia mentale, tuttavia questo non è sufficiente per considerarla tale. Ciò non toglie che vi sono adolescenti psichicamente malati (come ci sono bambini e adulti malati). Difficile è distinguere tra le due condizioni. La maturazione sessuale è uno dei cambiamenti durante l'adolescenza, non l'unico. Da solo non determina tutte le variazioni e le crisi dell'adolescenza. La risposta **D** è errata.

7 Nella controversia tra eredità e ambiente l'approccio ecologico propone un punto di vista che tende a superare entrambe le posizioni. Per tale motivo sia la risposta **C** sia la **D** sono errate. La risposta **B** è quella giusta mentre la **A** è puro non-sense.

8 Le fasi dello sviluppo psicosessuale, secondo Freud, non riguardano la comunicazione e la interazione, ma principalmente il rapporto che il bambino ha con il proprio corpo. Per questo le risposte **B** e **D** sono da scartare. La fase orale si avvia con l'allattamento, ma non si conclude con questo (svezzamento). Per Freud la fase orale copre tutto il secondo anno di vita, per questo la risposta **C** è sbagliata, mentre è corretta la risposta **A**.

9 Per Erickson ogni fase dello sviluppo psicosociale comporta una crisi, quindi la risposta **D** è corretta, mentre la **A** è errata. La crisi è dell'adolescente, non del genitore (almeno, non direttamente, risposta **B** errata) e riguarda primariamente la definizione della propria identità (risposta **C** errata).

10 Vi sono diverse teorie sul rapporto tra pensiero e linguaggio. La risposta **A** è la posizione di Whorf (risposta errata), la risposta **C** è il punto di vista della scuola russa (risposta errata), la risposta **D** è la teoria comportamentista (risposta errata). Secondo Piaget il linguaggio dipende dal pensiero perché è un tipo di funzione simbolica (risposta **B** corretta).

11 Il pensiero riproduttivo è contrapposto a quello produttivo (risposta **B** errata), non sequenziale (risposta **C** errata). Si basa su regole e conoscenze possedute per apprendimento passivo (risposta **A** corretta, **D** errata).

12 Le informazioni non sono ricavabili solo dai mass-media, ma da moltissime altre fonti (risposta **D** errata). Non sempre determinano una risposta (risposta **B** errata), vengono elaborate dall'uomo secondo modalità che la psicologia cognitiva ha cercato di comprendere (risposta **C** errata, **A** esatta).

13 Il processo di selezione di soggetti al lavoro prevede diverse fasi. La selezione vera e propria è solo uno dei momenti del processo (risposta **A** errata). Essa prevede tecniche e strumenti diversi, che singolarmente utilizzati sarebbero poco efficaci (risposta **C** corretta, **B** e **D** errate).

14 Herzberg suddivide i fattori che danno soddisfazione nel lavoro in fattori di mantenimento, legati al contesto ambientale in cui il lavoro si svolge, e fattori motivanti (risposta **B** errata). I fattori motivanti sono sia estrinseci sia intrinseci (risposta **A** corretta, risposte **C** e **D** errate).

15 Mayo nelle sue ricerche si rese conto che incentivi economici e controlli da parte dell'azienda non costituivano stimoli sufficienti per motivare al lavoro (risposte **B** e **D** errate). Egli riteneva inoltre che con la razionalizzazione dei processi produttivi il lavoro non fornisse più una motivazione intrinseca (risposta **C** errata). Secondo Mayo, la motivazione al lavoro, dopo la rivoluzione industriale, veniva dalla risposta che questi fornisce ai bisogni di natura sociale dell'individuo (risposta **A** esatta).

16 La comunicazione non verbale è la forma di comunicazione utilizzata dalle specie animali, ma anche dall'uomo (**C** errata). Viceversa la comunicazione verbale non è solo quella scritta, ma anche e soprattutto quella basata sul linguaggio (**B** errata). Esistono forme di comunicazione non verbale basate sul linguaggio, come l'intonazione, le pause della voce, la punteggiatura e le vocalizzazioni (risposta **D** corretta, **A** errata).

17 Le campagne che combattono l'uso di sostanze stupefacenti non sono indirizzate a coloro che sono tossicodipendenti, ma a chi non ha mai usato o ha avuto contatti molto ridotti con la droga (risposta **D** errata). È molto importante come il messaggio viene formulato: non basta spaventare (risposta **C** errata), anche se questo non è necessariamente controproducente (risposta **B** errata). È importante, però, informare oltre che sui rischi anche sui comportamenti più adeguati da tenere.

18 La psicologia è composta da diverse discipline, tra cui la psicologia generale (descritta dalla risposta **C**, errata), la psicologia sociale (descritta dalla risposta **D**, errata), la psicologia differenziale (descritta dalla risposta **A**, errata). La psicologia clinica si occupa con un proprio metodo (metodo clinico) del disagio psichico e delle malattie mentali (risposta **B** esatta).

19 Esistono diversi criteri per definire la normalità. Esiste una normalità basata sulla assenza di sintomi (risposta **B**, errata), su una ipotetica condizione ottimale di equilibrio psicologico (risposta **C**, errata), sulla accettabilità sociale di certi comportamenti (risposta **A**, errata), e su criteri basati su rilevazioni statistiche (risposta **D**, esatta).

20 Le classificazioni delle malattie mentali sono sempre state moltissime, ma dagli anni cinquanta in poi ne sono state costruite due particolarmente importanti, il DSM e l'ICD. Le risposte **A** e **B** sono errate, anche se è vero che le classificazioni vengono periodicamente aggiornate. Le classificazioni non sono collegate a singole nazioni, anche se la più importante, il DSM, è statunitense (risposta **C** esatta, **D** errata).

21 Un test costituisce una prova psicologica, ma con caratteristiche precise (la risposta **C** è errata perché incompleta); inoltre i test sono di vario tipo, in grado di misurare aspetti psicologici diversi, non solo la personalità o il Quoziente intellettivo (risposte **B** e **D** incomplete). Risposta **A** corretta.

22 La psicoterapia può essere utilizzata con adulti, bambini, famiglie, gruppi. Con i bambini occorre utilizzare forme come il gioco che permettano la relazione tra terapeuta e piccolo paziente. Non ci si limita alle sole parole (risposta **B** errata), ma si usano altre modalità. Le tecniche comportamentali (condizionamento e decondizionamento) sono solo uno degli approcci possibili (risposta **C** errata). I bambini, anche molto piccoli, sono in grado di comunicare e stabilire relazioni, quindi di comprendere quello che accade in terapia (risposta **D** errata), purché il messaggio sia dato nel modo giusto (risposta **A** esatta).

23 Lo schema, e non la classe, costituisce un raggruppamento di concetti collegati per un determinato fine cognitivo (alternativa **C** errata). Concetto e classe di oggetti sono due cose diverse, il concetto permette di organizzare la classe (risposta **A** errata, **B** esatta). Il collegamento non avviene tra classi ma tra i concetti che ne rappresentano le caratteristiche (risposta **D** errata).

24 La capacità di interagire è molto complessa e richiede una lunga formazione che comincia dalla nascita. Grazie a comportamenti innati l'interazione reciproca con la madre inizia sin dalle prime ore dopo la nascita (risposta **A** errata), basandosi su diversi canali di comunicazione (risposta **D** errata). Queste forme di interazione sono relativamente semplici, ma non occorre il linguaggio per poter interagire (risposta **D** esatta, **B** errata).

25 Gli studi di Vygotskij e degli altri autori russi si sono basati sulla ipotesi di una indipendenza iniziale nella genesi di linguaggio e pensiero (risposta **C** errata). Nessuno dei due genera l'altro (risposta **D** errata). Progressivamente linguaggio e pensiero tendono a collegarsi e integrarsi rafforzando reciprocamente il proprio sviluppo (risposta **A** esatta, **B** errata).

26 La memoria a breve termine è una memoria di pronto impiego che trattiene i dati percepiti per circa 20-30 secondi. I dati vengono poi dispersi o inviati alla MLT che li immagazzina. Ricordare cose piccole o grandi può richiedere sforzi diversi, tuttavia mette in gioco comunque la memoria a lungo termine (risposta **A** errata). La risposta **C** descrive bene cosa è e a cosa serve la memoria sensoriale, che è diversa dalla memoria a breve termine (risposta **C** errata). La memoria procedurale, descritta dalla risposta **D**, è una delle forme che ha la memoria a lungo termine (risposta **D** errata). La risposta **B** è corretta.

27 La deprivazione sensoriale è una condizione estrema in cui può trovarsi l'individuo privato in modo pressoché completo degli stimoli ambientali. Si tratta di una condizione molto particolare e poco frequente, da solo non spiega un meccanismo psicologico così diffuso come la curiosità (risposta **D** errata). La curiosità è generata dalla necessità di esplorare l'ambiente, ma anche di operare con rappresentazioni interne, mentali. Le risposte **B** e **C** risultano per questo inesatte perché incomplete. Il bisogno di attivazione è la spinta che fa nascere la curiosità, per cui la risposta **A** è corretta.